Spelling Wordsearch

over **80** fun puzzles!

ARCTURUS

This edition published in 2022 by Arcturus Publishing Limited
26/27 Bickels Yard, 151–153 Bermondsey Street,
London SE1 3HA

Author: Annabel Savery
Illustrator: Marina Pessarrodona
Editor: Violet Peto
Designer: Stefan Holliland
Editorial Manager: Joe Harris

ISBN: 978-1-3988-1788-3
CH008629NT
Supplier 29, Date 0122, Print run 11928

Printed in China

Guidance for parents

- Encourage your child to read the words in the lists out loud before completing each wordsearch.

- Ask your child to circle each word as they find it in the grid, then check it off the list.

- The words might read forward, backward, up, down, or diagonally.

- Help your child look for words that appear within other words—each word can only be used once in the grid!

- Some pages have extra puzzles. Your child will need to complete these first, so that they know which words to look for in the grid.

- As they complete each wordsearch, help your child check their answers in the Answers section which starts on page 85.

cake

chase

fail

late

plane

play

rain

sail

same

say

snake

stay

tail

train

way

whale

ai, ay, and a_e

There are three **ways** of writing this sound. Can you find each word listed on the left in the grid below?

o	c	l	a	l	u	x	l	n	x	e	k	a	c	e
x	u	a	l	i	i	u	r	i	j	u	a	x	s	j
w	v	n	h	c	y	i	r	j	a	r	r	e	y	g
j	y	x	t	h	n	y	a	v	e	s	u	v	x	s
n	w	a	e	t	e	t	i	m	k	e	k	h	s	e
l	k	m	n	t	c	h	n	r	a	n	n	k	e	g
h	a	v	a	p	w	k	d	f	n	f	s	a	o	h
s	i	l	y	w	y	s	n	e	s	y	z	p	l	f
s	l	u	z	t	s	g	t	s	r	a	a	r	a	p
k	u	t	h	l	s	a	x	a	v	s	d	i	z	u
l	y	r	q	t	i	v	w	h	y	t	l	w	m	s
n	t	a	f	l	n	r	h	c	d	s	w	m	o	k
k	f	i	l	c	q	f	o	t	y	g	n	k	n	z
r	k	n	n	p	k	r	i	k	a	t	r	j	r	s
l	u	q	v	w	h	a	l	e	w	p	z	j	w	d

4

oy and oi

Here's a puzzle that you're sure to **enjoy**. Find 16 words containing *oi* and *oy* in this grid.

h	o	s	a	r	c	o	a	r	y	k	p	a	d	j
s	p	o	i	l	d	c	l	p	o	t	n	t	o	i
w	o	t	l	y	y	w	a	o	b	y	o	i	t	s
b	d	i	s	i	n	v	b	y	k	o	n	y	o	l
m	o	h	l	q	o	z	n	d	j	r	s	j	p	e
b	y	h	n	i	y	o	j	n	e	t	y	k	r	d
i	m	i	d	a	u	i	h	q	v	s	x	n	v	v
j	w	b	n	w	i	s	b	x	v	e	o	y	u	p
n	s	b	n	n	l	s	x	c	b	d	n	k	n	a
o	r	o	b	i	t	r	f	j	b	x	e	i	e	y
s	v	r	k	p	v	p	c	v	v	i	s	p	o	x
i	t	o	g	k	p	o	c	k	e	c	i	o	h	c
o	u	z	i	w	f	i	v	d	a	z	o	h	g	w
p	b	u	l	c	p	n	l	f	o	m	n	v	f	m
t	g	w	a	d	e	t	j	i	y	m	t	z	t	r

avoid

boil

boy

choice

coin

destroy

enjoy

join

noise

oink

point

poison

soil

spoil

toy

voice

cat

dad

gas

wag

map

clam

salmon

fan

sand

band

apple

ram

gap

rag

sad

man

a, al, and ai

It's time to search for some words that use the letter *a*.
Let's find them in the grid below.

n	p	b	v	k	q	g	i	a	c	y	y	t	c	p
f	a	b	f	g	a	p	z	a	q	g	g	t	i	g
t	m	f	d	r	r	m	w	v	v	z	p	s	w	c
y	w	y	h	n	h	a	r	m	o	t	j	t	i	a
s	o	d	a	g	a	u	v	n	g	e	u	f	b	t
l	a	j	l	a	w	b	t	h	o	d	j	m	p	u
s	v	t	a	r	v	x	x	y	x	m	a	n	v	l
g	a	w	g	a	y	v	s	c	l	a	l	s	d	r
s	x	a	r	z	v	f	k	j	y	l	b	a	l	m
t	l	b	u	s	y	o	h	n	z	c	t	p	s	a
e	s	f	t	c	k	b	o	t	m	f	e	a	p	r
k	c	a	j	f	e	v	z	v	i	g	p	q	p	p
q	e	v	n	y	s	q	x	p	u	t	k	p	p	f
p	x	x	m	d	a	d	w	z	o	x	v	l	y	o
c	g	v	p	a	g	r	d	e	o	g	y	e	h	c

i, i-e, ie, igh, and y

Most of these words use the letter *i* but some use *y*. Read through the list, and then **find** them in the grid.

j	t	f	r	k	i	n	d	j	w	i	u	d	t	k
u	h	h	z	j	v	z	x	e	m	z	h	x	t	z
f	a	o	i	l	q	n	z	w	y	t	h	g	i	l
j	l	g	h	g	v	y	z	q	b	x	c	e	e	g
f	r	i	x	v	h	y	r	c	a	o	m	i	x	p
e	t	r	e	h	u	h	f	v	p	s	i	g	h	w
v	i	a	u	s	r	q	s	y	t	t	o	n	g	d
h	t	l	t	e	n	i	h	w	q	y	s	m	b	i
n	g	u	k	h	h	u	g	d	p	l	m	v	l	f
a	e	a	f	q	f	c	r	w	w	e	x	e	i	c
v	q	b	e	e	q	b	b	r	h	d	s	l	n	y
r	m	n	g	n	q	y	e	g	f	w	x	h	d	p
d	i	v	n	i	k	g	i	z	r	l	h	x	b	i
m	n	o	c	f	p	h	i	v	i	g	p	p	r	c
b	d	h	l	b	y	e	y	b	r	k	a	p	h	k

mind

fine

blind

kind

whine

mine

tie

lie

flies

high

sigh

light

thigh

cry

bye

style

out

snout

mouth

sprout

pouch

house

mountain

cow

clown

town

frown

howl

crowd

bough

drought

hour

ou, ow, ough

Wow! These words will be fun to find! Take a look at the list, and then find the words in the grid.

n	t	o	w	n	d	y	n	w	r	g	s	j	f	b
h	f	f	v	l	j	v	t	o	s	u	b	r	d	c
s	j	o	t	h	w	r	s	c	x	f	o	r	s	f
n	u	l	c	h	o	w	l	y	w	w	n	h	n	h
t	e	u	n	y	w	j	b	z	n	c	n	g	o	o
b	o	e	z	l	m	o	u	t	h	l	y	s	u	u
p	k	z	j	n	b	d	u	n	w	v	t	p	t	s
c	i	b	y	p	m	j	i	o	m	r	o	r	d	e
u	x	z	g	u	j	a	h	l	e	i	l	o	k	l
h	i	x	v	r	t	i	h	g	s	n	f	u	f	o
c	l	o	w	n	n	p	v	l	o	g	c	t	s	c
u	l	a	u	p	d	a	d	r	o	u	g	h	t	s
n	b	o	u	g	h	d	s	j	k	r	i	w	t	v
z	m	a	x	w	n	h	q	c	m	f	d	o	d	z
r	q	c	r	o	w	d	n	u	y	e	o	j	l	g

e and ea

This page is all about *e* and *ea*. Try reading through the word list before looking in the grid.

q	u	j	v	q	a	w	t	q	t	h	u	w	q	k
c	t	e	c	s	t	u	o	y	e	s	b	t	b	m
j	t	v	d	l	o	e	p	d	b	o	v	q	e	z
p	z	e	x	e	g	a	e	a	a	d	l	h	s	p
l	u	e	g	g	n	n	b	d	s	e	p	u	t	e
o	f	n	l	i	v	e	w	r	v	s	m	r	s	n
m	s	k	k	e	x	l	h	z	e	y	t	m	s	u
y	u	z	l	u	u	i	o	t	p	a	k	x	x	z
j	c	o	u	o	y	b	p	v	y	p	d	k	d	r
i	p	d	a	l	p	h	a	b	e	t	t	u	z	w
e	o	e	t	k	r	k	w	e	f	a	o	l	g	m
q	y	b	g	m	w	q	c	y	q	u	o	w	m	m
k	z	w	n	j	u	b	h	r	a	f	n	h	e	k
c	o	z	a	a	h	r	i	h	e	a	d	e	y	j
w	i	z	w	i	v	v	v	b	u	m	q	n	e	h

egg

hen

pen

when

then

leg

bed

pet

yes

vet

head

bread

best

meadow

alphabet

envelope

star

jar

car

arm

art

dark

barn

harm

almond

palm

calf

half

calm

father

banana

plaster

ar, a, and al

Here are some words to test how you spell with *a*.
Let's take a look, then search for them in the grid.

v	t	p	m	w	a	a	n	c	y	b	f	a	j	f
b	d	a	r	k	a	w	y	n	p	e	d	c	r	l
y	l	l	e	e	e	a	g	r	l	n	n	e	j	t
v	o	m	y	v	h	h	f	a	a	l	o	t	o	f
e	m	q	n	y	w	t	q	b	s	p	m	i	c	i
i	g	o	a	b	c	t	a	e	t	k	l	r	r	w
v	u	w	n	f	x	g	z	f	e	h	a	r	m	y
m	e	o	c	r	p	g	r	v	r	h	a	l	f	g
n	a	z	z	k	a	h	q	t	b	g	s	c	a	r
y	p	n	b	y	c	t	x	b	q	i	d	e	j	j
s	c	o	a	m	s	s	s	n	j	f	u	p	l	g
r	a	e	n	n	l	h	e	d	w	q	m	l	a	c
w	l	z	l	y	a	a	p	p	e	k	i	l	g	g
q	f	u	i	k	l	b	r	s	i	l	w	j	p	y
z	t	e	c	e	j	a	r	m	m	k	w	w	w	w

air, are, and ear

Stop and **stare** at this list! Some words sound the same but have different meanings. Can you find them all?

d	c	s	c	a	r	e	c	r	o	w	w	a	d	t
b	i	b	d	n	h	e	t	v	z	y	f	f	m	r
i	s	q	u	a	r	e	a	y	s	w	n	k	o	m
r	c	i	d	a	f	f	p	l	c	n	o	l	d	o
n	h	h	s	s	i	a	l	h	q	v	x	h	g	a
v	a	a	o	m	s	t	i	p	a	l	n	v	p	x
i	i	i	l	b	m	z	w	r	e	r	h	g	x	w
r	r	r	q	o	f	s	j	p	w	a	e	z	o	r
i	g	o	a	t	r	v	l	z	f	e	w	d	e	a
a	h	x	q	q	k	i	y	t	o	t	b	r	e	e
p	j	g	e	w	v	d	a	r	v	j	a	w	r	p
e	g	r	d	y	u	k	a	l	i	w	b	e	a	r
r	a	j	j	n	n	r	q	w	e	a	z	a	t	r
b	i	r	a	h	t	l	v	b	m	j	p	r	s	h
d	w	f	j	m	q	k	b	u	x	t	j	h	x	h

chair

fair

hair

repair

lair

pair

hare

stare

scarecrow

bare

square

beware

pear

bear

tear

wear

boat

g_ _t

c_ _ch

cl_ _k

f_ _m

l_ _f

t_ _st

s_ _p

r_ _d

c_ld

h_tel

radi_

n_sy

s_fa

l_cal

t_tal

o and oa

Choose *o* or *oa* to fill the gaps and complete the words.
Then find the words in the grid.

b	g	u	j	k	t	h	i	k	e	v	d	h	l	f
x	h	k	x	m	s	o	y	e	h	h	w	a	r	n
r	x	y	l	h	a	t	v	e	s	c	q	l	b	x
a	x	q	g	i	o	e	b	c	h	a	l	v	p	x
d	i	c	x	b	t	l	n	o	b	o	q	z	t	l
i	f	z	s	z	h	s	n	l	n	c	m	r	z	p
o	o	j	o	o	q	c	t	d	c	a	n	t	k	h
m	a	z	o	u	f	d	r	p	u	u	e	w	z	a
n	m	n	b	a	m	a	u	b	m	r	m	p	v	l
d	j	t	o	v	p	x	q	o	p	i	e	b	v	a
a	s	l	o	s	r	e	h	a	e	b	o	a	t	c
o	g	c	f	t	y	q	o	o	k	a	o	l	c	o
r	o	a	m	i	a	s	a	e	a	y	b	b	l	l
p	a	a	g	q	y	l	j	q	o	i	u	n	c	r
b	t	y	u	r	v	c	w	z	s	o	l	x	v	p

oe, o_e, and ow

Go **slow**! Take your time with this puzzle.
Choose a pencil, and circle the words in the grid.

c	a	n	l	e	p	w	t	y	w	a	a	d	g	y
u	m	d	l	w	b	e	i	i	i	b	o	n	e	n
c	r	q	t	e	p	o	n	i	b	u	w	o	h	t
g	p	s	s	h	v	d	e	g	z	d	t	o	b	h
k	w	h	x	t	o	b	d	c	p	p	o	s	t	p
z	a	o	i	w	o	o	d	n	i	s	i	e	d	z
d	t	j	w	l	d	z	y	t	e	s	s	t	e	y
z	y	h	g	n	z	h	o	o	i	u	a	o	s	w
e	x	l	e	w	e	e	g	k	u	p	t	b	j	o
p	k	q	c	z	l	r	s	k	l	p	z	l	q	d
r	x	o	v	o	t	e	b	u	s	o	f	y	k	a
r	k	f	m	v	l	b	u	r	b	s	p	c	r	h
m	r	m	h	s	z	c	s	o	o	e	f	t	m	s
d	g	q	x	h	j	b	s	p	w	d	n	l	k	t
f	t	x	g	p	z	f	c	e	l	v	w	x	z	l

toe

doe

goes

tiptoe

bone

smoke

mole

rope

globe

suppose

vote

tow

window

bowl

shadow

owner

pig

lid

hip

bit

lip

fig

win

pretty

cricket

rocket

mystery

pyramid

symbol

lyric

myth

gym

i, e, and y

Let's take a look at ways to use *i*, *e*, and *y*.
Read through the list, then get busy with your pencil.

p	k	g	t	e	k	c	i	r	c	y	f	q	t	q
y	n	a	p	m	g	x	o	r	p	n	p	p	m	o
p	q	i	t	u	b	c	c	r	e	v	i	y	u	p
x	g	g	b	b	k	c	m	f	z	h	s	h	l	i
k	k	z	c	e	e	y	a	g	m	t	l	x	g	f
t	s	h	t	c	g	n	d	q	e	i	i	x	b	l
z	q	v	a	i	b	m	j	r	e	l	p	b	m	o
p	p	f	f	c	c	w	y	i	y	g	h	j	f	b
z	y	f	i	e	u	h	u	r	b	x	m	p	w	m
q	u	r	g	o	f	r	i	j	h	n	t	i	n	y
y	y	k	a	e	q	c	o	t	c	d	n	j	d	s
v	q	s	k	m	k	z	y	c	v	d	r	t	t	n
e	u	f	w	l	i	m	a	h	r	q	i	b	i	x
p	r	e	t	t	y	d	b	u	n	f	u	l	b	x
g	w	p	q	l	x	v	q	b	t	n	u	v	k	s

eer, ear, and ere

Here are some words. You can't **hear** them, but if you **peer** at the list, you'll spot them. Let's get started!

r	a	t	m	o	s	p	h	e	r	e	b	h	e	z
e	o	x	c	s	j	v	r	t	b	r	y	u	o	f
e	v	s	d	r	e	a	r	h	e	c	l	e	a	r
p	t	e	f	n	e	a	r	i	u	d	v	i	e	e
b	e	v	w	f	k	x	n	i	a	k	x	x	a	x
r	y	e	k	q	a	d	i	d	j	h	e	r	e	v
g	a	r	l	z	e	i	f	j	v	f	i	u	v	e
y	k	e	l	e	y	s	t	u	s	t	h	b	k	j
b	b	j	r	f	l	r	b	w	d	x	s	d	b	i
l	c	s	j	y	m	z	e	e	b	q	n	p	o	h
x	v	h	p	p	j	o	r	e	a	r	y	l	x	y
m	f	g	e	h	w	p	v	g	t	r	z	v	t	l
s	i	l	y	e	e	v	p	e	p	s	d	w	c	a
z	f	s	j	d	r	r	x	b	r	h	v	s	c	e
o	d	o	x	o	l	k	e	n	g	i	n	e	e	r

deer

peer

steer

cheer

engineer

reindeer

fear

rear

ear

beard

clear

near

here

sphere

severe

atmosphere

she

me

equal

Egypt

leaf

bead

pea

each

steam

dream

see

eel

tree

creep

green

screech

e, ea, and ee

Please, take a **peek** at the list, and tell me what you can **see**! Use a pen or pencil to mark the words in the grid.

p	b	f	k	e	h	e	q	u	a	l	u	t	g	h
t	h	e	m	d	e	x	t	p	w	g	p	o	c	c
d	l	c	a	j	k	b	g	e	g	y	e	e	o	d
v	d	c	u	d	p	e	c	a	g	y	e	z	o	q
p	e	e	r	c	r	h	s	e	c	r	r	f	y	a
i	o	t	n	f	e	v	h	l	c	g	t	n	w	j
q	w	x	q	y	u	s	y	s	j	s	m	c	a	m
n	e	g	k	p	b	o	t	r	v	d	k	u	x	a
w	d	i	k	v	w	i	a	e	k	s	y	n	j	e
u	c	z	f	o	d	w	n	m	a	n	e	r	y	r
x	d	y	a	b	g	k	e	x	p	m	o	f	s	d
o	b	w	z	f	e	v	e	a	k	w	i	s	b	l
a	e	q	a	u	a	h	r	x	s	f	a	e	m	g
h	m	e	h	d	c	y	g	r	w	f	u	e	a	o
y	l	f	l	y	h	a	j	n	x	c	o	q	r	z

e_e, ie, and ey

Let's continue with the *e* **theme**. Take a look through the list, then find **these** words in the grid below.

f	y	i	z	p	e	w	d	l	e	i	h	s	d	b
c	i	e	i	i	n	x	e	h	r	u	l	g	b	j
e	v	e	k	v	o	c	t	t	p	s	r	m	b	n
y	c	m	h	o	f	c	j	r	m	o	n	k	e	y
e	m	e	h	t	e	o	e	n	e	l	c	v	b	n
h	o	s	f	i	q	o	r	t	q	m	j	c	w	v
c	g	q	l	v	y	k	x	l	e	w	e	i	r	d
s	o	i	s	l	y	y	v	o	f	l	x	n	g	b
p	n	j	g	f	q	j	t	z	q	d	h	g	w	v
g	d	r	h	m	t	o	h	w	i	g	n	t	q	s
i	u	d	q	o	b	j	u	a	l	l	e	y	a	d
g	u	y	y	w	c	q	o	e	i	k	o	o	c	t
t	b	h	r	u	w	k	q	d	g	o	b	r	y	e
u	l	p	r	c	s	i	e	v	e	i	l	e	b	l
s	t	h	i	e	f	p	z	y	m	d	l	w	f	z

eve

theme

athlete

extreme

shield

piece

thief

weird

ceiling

cookie

believe

key

monkey

hockey

alley

fork

north

porch

order

story

actor

scorpion

moor

floor

poorly

doorman

more

core

store

ignore

explore

or, oor, and ore

It's time for **more** puzzles for you to **explore**. Let's take a look at the list of words and find them in the grid.

m	o	c	z	m	x	b	w	s	t	o	r	e	v	l
n	n	o	b	t	n	y	w	o	q	x	f	x	r	q
g	u	o	u	c	h	d	d	p	w	q	m	p	o	y
r	c	i	i	y	p	p	o	n	e	c	i	l	o	r
y	o	k	o	p	n	o	a	n	r	s	t	o	l	e
g	t	o	o	k	r	m	t	l	o	z	j	r	f	d
g	i	g	m	l	r	o	m	d	n	z	r	e	x	r
a	v	b	y	o	m	g	c	p	g	d	o	b	p	o
m	h	g	o	b	o	x	p	s	i	c	t	v	g	u
f	j	d	y	j	r	k	p	t	x	v	c	j	c	d
l	j	n	x	y	e	o	p	a	k	o	a	s	p	w
c	z	o	n	m	r	q	w	v	r	y	u	t	g	b
r	z	r	b	c	v	o	v	e	t	w	y	o	k	b
p	c	t	h	i	v	f	o	r	k	c	i	r	f	n
b	p	h	r	i	d	y	d	a	n	w	k	y	f	r

au and aw

You'll need eyes like a **hawk** to spot these words! Grab your pencil, swoop down, and circle the words you find.

s	a	u	c	e	q	h	a	z	z	n	n	n	l	w
t	h	h	g	g	c	a	t	v	s	q	s	r	r	h
p	m	o	g	m	r	u	l	m	v	y	d	m	t	a
h	e	y	a	a	v	l	j	a	m	x	j	j	s	w
f	l	e	w	r	a	f	i	h	u	z	d	z	f	z
s	o	l	n	g	t	a	d	m	o	n	n	g	o	q
l	u	a	q	x	q	u	c	n	g	r	d	r	x	j
v	p	w	p	n	r	g	a	s	l	m	m	r	r	t
r	f	n	w	u	s	u	x	n	q	a	j	p	y	z
l	k	a	y	l	k	s	r	s	o	u	u	r	f	o
d	d	w	u	a	h	t	a	b	s	r	a	n	v	q
p	v	l	a	l	w	d	t	n	y	d	t	w	c	o
g	a	m	n	h	t	n	x	t	d	a	o	s	k	h
f	b	w	s	c	s	h	u	j	r	j	m	s	a	w
u	z	p	g	h	f	e	o	b	l	w	a	r	c	z

sauce

laundry

launch

haul

fault

August

astronaut

law

paw

saw

raw

dawn

hawk

yawn

squawk

crawl

hot

fog

wander

p_p

_range

_tter

st_p

sw_n

w_s

w_sh

w_nd

w_sp

squ_sh

w_tch

s_ _sage

bec_ _se

o, a, and au

Don't **stop** now! Complete the word list by adding the correct vowel sounds, then find the words below.

o	h	b	c	x	g	s	w	a	d	d	b	t	h	c
s	s	a	n	p	v	f	l	n	o	o	c	h	c	m
n	q	p	n	o	j	d	h	s	a	w	j	c	t	l
w	f	u	d	p	t	j	c	r	f	c	c	e	a	x
a	d	v	a	n	u	t	y	j	l	n	h	e	w	o
n	s	f	y	s	i	o	e	m	v	i	s	w	r	d
d	v	b	p	i	h	m	l	r	m	u	u	o	a	l
e	c	s	g	e	w	a	n	d	a	a	o	n	b	s
r	a	e	d	f	m	v	w	c	t	k	n	h	g	p
w	q	r	e	q	j	k	e	e	g	a	s	u	a	s
y	t	l	g	f	d	b	t	g	w	t	z	p	n	s
w	j	o	o	o	y	k	k	i	k	d	f	a	t	r
b	q	g	h	i	u	q	z	v	a	t	w	o	a	t
e	g	n	a	r	o	w	b	h	l	s	p	l	e	e
g	t	u	y	m	e	u	u	g	t	i	e	k	v	k

oo, u, and oul

Take a **look** at these words. It **would** be a **good** idea to find them in the grid. Mark them off on the list as you go!

t	d	y	d	e	k	o	o	r	c	v	x	x	b	d
f	n	h	o	x	t	z	n	s	d	c	o	u	l	d
w	h	m	d	e	y	l	l	u	f	t	o	o	f	v
t	p	x	l	o	t	e	p	m	k	w	j	t	d	v
z	a	h	n	d	o	r	s	i	v	a	o	c	r	b
o	g	f	i	l	d	h	k	t	d	o	q	u	w	p
f	n	j	v	u	q	q	d	o	k	i	e	r	l	u
h	i	h	x	o	g	b	f	l	o	x	u	e	s	d
h	d	o	o	h	b	r	v	r	i	l	m	h	i	d
y	k	u	z	s	u	d	p	u	s	h	s	c	u	i
c	u	o	g	i	l	q	k	g	a	u	c	t	m	n
b	k	i	o	e	l	e	i	c	i	o	k	u	l	g
w	w	n	q	r	g	m	l	w	g	h	p	b	e	c
h	n	q	y	g	b	z	c	p	c	h	s	u	f	d
z	g	j	d	l	x	c	f	a	d	x	c	x	t	w

look

took

hood

foot

brook

childhood

crooked

put

bull

full

push

butcher

pudding

should

would

could

tour

pour

four

fourth

court

course

source

cure

pure

sure

lure

figure

mixture

picture

creature

adventure

our and ure

Let's have an **adventure**! Look through the words,
grab a pencil, then get started.

d	r	i	t	e	d	e	c	r	u	o	s	h	s	k
m	s	x	j	r	p	p	r	k	u	h	p	q	n	z
e	p	i	c	t	u	r	e	u	u	b	f	u	a	j
e	r	c	f	j	r	o	u	q	t	i	x	d	o	z
l	r	u	p	h	e	w	c	s	g	a	v	a	f	w
s	u	m	l	v	k	v	f	u	o	e	e	a	d	u
y	o	i	l	p	e	t	r	d	n	a	n	r	p	b
k	f	x	d	t	r	e	h	t	r	u	o	f	c	p
x	d	t	t	v	u	z	u	e	o	n	b	g	t	j
a	q	u	u	i	s	r	g	m	x	u	p	n	k	o
s	j	r	u	r	e	e	l	w	a	q	r	g	t	g
i	r	e	u	h	v	h	i	q	y	e	x	m	m	w
q	a	u	q	k	m	b	r	k	r	x	e	j	s	u
r	m	f	o	m	w	y	g	u	s	s	x	b	l	j
v	j	p	i	p	e	i	c	o	u	r	s	e	q	k

oo, ou, and ew

These **new** words use *oo* and similar sounds. Read **through** the list, and **choose** which one to find first.

s	p	o	o	n	i	i	c	g	t	o	a	v	h	r
l	a	x	n	t	d	u	n	i	g	f	o	t	m	n
x	a	r	u	y	e	b	c	o	o	l	u	z	e	c
y	w	o	u	n	d	t	i	n	s	o	b	w	o	h
c	q	v	p	c	p	u	o	s	y	z	s	x	t	e
p	j	b	y	k	b	q	b	s	f	p	o	z	i	w
o	o	r	a	g	n	a	k	r	a	t	z	e	w	n
d	p	p	j	o	l	w	g	p	o	q	y	s	i	q
x	l	w	t	l	v	q	e	o	h	q	t	w	l	a
d	b	j	o	q	n	r	t	r	j	c	y	e	k	x
c	h	o	v	s	d	h	t	w	w	e	r	c	s	x
u	n	h	q	u	w	h	t	d	e	z	w	i	r	w
f	v	l	n	o	e	x	e	m	z	r	s	e	p	y
w	e	n	o	y	r	j	i	p	j	t	c	t	l	w
s	w	c	q	g	c	y	j	h	v	k	r	m	w	o

zoo

cool

spoon

tooth

balloon

kangaroo

you

soup

youth

wound

new

chew

screw

crew

jewel

newspaper

blue

clue

true

glue

avenue

value

Tuesday

rescue

continue

use

cute

rude

flute

include

volume

parachute

ue and u_e

Don't be **blue**, I'll give you a **clue**—all the words in the list
are hiding in the grid. Let's circle them all!

e	w	f	e	u	n	i	t	n	o	c	e	x	f	x
t	n	k	h	b	s	u	i	x	b	f	s	s	u	w
u	q	c	d	b	e	n	c	v	k	i	i	q	u	s
l	c	q	o	a	c	t	m	x	n	t	a	g	o	x
f	k	v	a	l	u	e	u	g	h	x	g	p	h	q
n	a	j	u	r	o	y	t	c	h	b	y	a	l	j
m	o	d	b	u	e	r	a	s	v	u	h	r	b	f
z	e	l	j	d	u	m	c	d	b	b	x	a	v	a
f	v	b	g	e	b	p	u	g	s	s	d	c	j	d
b	e	a	l	e	y	l	f	l	x	e	e	h	v	a
e	q	n	r	y	u	e	u	u	o	e	u	u	h	f
s	o	e	e	n	u	c	v	e	a	v	w	t	k	f
o	e	u	r	l	i	a	s	l	o	q	a	e	l	j
h	l	q	c	b	l	v	x	e	q	w	f	n	k	v
g	e	u	n	e	v	a	a	a	r	x	e	l	t	a

u, o, and o-e

I **love** words! **Come** on, let's find them in the grid.
When you've found each one, mark them off the list.

e	q	m	z	f	b	b	d	e	m	o	s	b	b	m
k	v	n	q	u	z	j	o	f	o	r	s	w	f	i
s	u	o	c	o	u	u	v	b	y	j	z	r	s	j
b	f	q	d	u	w	x	e	u	e	k	h	o	b	x
s	v	g	h	h	q	a	n	n	n	e	e	m	c	m
p	c	i	y	n	u	f	y	d	o	d	o	k	j	e
o	o	r	d	o	y	w	e	e	h	p	z	r	m	p
n	m	n	f	a	s	e	b	r	e	d	n	o	w	u
g	e	u	d	i	x	k	p	y	n	a	p	m	o	c
e	a	n	y	y	q	p	f	g	e	d	e	c	y	i
w	o	a	i	j	s	j	t	q	e	w	a	z	v	b
m	o	t	h	e	r	v	q	i	t	y	q	k	z	a
k	g	l	o	v	e	d	g	l	g	y	d	r	u	m
q	j	q	i	y	n	a	m	q	i	u	h	t	k	i
i	z	m	c	v	g	m	c	m	j	m	f	h	s	b

cup

bun

yum

drum

under

oven

honey

mother

wonder

Monday

company

dove

glove

come

some

sponge

fern

herb

germ

nerve

person

energy

iceberg

turn

surf

nurse

turtle

girl

bird

firm

shirt

birthday

er, ur, and ir

It's time for a **turn** with *er*, *ur*, and *ir*. Maybe you could use a **purple** pencil for this activity?

g	k	p	e	r	s	o	n	z	b	i	r	d	w	t
s	n	j	e	m	o	m	d	q	n	y	k	n	l	v
n	o	p	z	a	w	f	x	y	e	n	e	r	g	y
p	z	a	p	d	r	i	u	s	i	a	j	u	o	l
h	s	f	r	u	s	r	f	e	p	j	k	t	b	r
v	f	k	d	g	m	m	e	f	r	t	u	s	i	i
w	k	a	w	a	r	b	s	y	p	p	r	n	r	g
v	b	x	g	p	l	e	i	r	r	a	e	i	t	i
t	e	h	s	i	u	h	b	n	d	r	h	a	h	w
g	u	f	s	f	f	j	s	e	v	k	e	d	d	s
e	b	r	u	m	j	a	a	e	c	h	r	y	a	d
q	s	n	t	v	m	o	r	g	f	i	b	a	y	p
x	q	r	j	l	c	i	y	l	e	r	f	g	k	i
b	j	t	u	v	e	p	u	m	r	e	g	s	p	d
f	w	n	c	n	z	o	t	o	n	x	b	k	j	x

er, u, and a

Try sounding out these words aloud, then find them in the grid.

t	k	d	q	s	z	a	l	w	c	j	t	j	m	y
b	c	i	r	c	u	s	p	a	n	s	u	m	a	a
u	h	g	v	v	m	e	n	m	a	u	u	r	r	s
c	t	y	a	b	t	q	d	j	j	j	a	b	m	a
m	w	v	a	a	j	h	u	m	z	c	e	x	n	r
o	a	w	l	g	e	k	m	n	i	z	o	v	k	o
x	n	n	a	s	r	n	b	y	k	m	a	j	e	u
s	a	r	m	u	q	e	r	s	m	h	i	m	i	n
y	n	c	e	c	b	a	e	n	u	k	o	r	w	d
k	a	w	r	a	c	l	l	b	p	n	e	z	a	k
o	b	e	i	b	h	h	l	b	s	m	o	x	i	l
e	a	k	c	a	i	d	a	t	r	v	w	b	t	t
m	z	q	a	i	d	k	e	a	u	l	j	p	e	v
a	f	f	w	t	e	r	f	p	a	w	a	y	r	q
a	f	k	t	r	j	i	o	w	a	l	r	u	s	i

farmer

monster

waiter

baker

circus

abacus

walrus

bonus

umbrella

America

banana

away

agree

around

petal

zebra

if_

el_

_ish

_rog

lea_

_inish

o_ _

pu_ _

flu_ _y

mu_ _in

pu_ _in

_ _oto

_ _one

dol_ _in

tro_ _y

_ _ysics

f, ff, and ph

All of these words use *f*, *ff*, or *ph*. Can you **fill** in the right letters and then **find** the complete words in the grid?

j	g	e	v	q	f	s	i	k	b	d	w	v	a	n
p	j	e	y	p	b	n	w	f	f	x	m	b	w	m
u	c	l	c	g	i	p	t	f	p	h	m	h	o	f
f	v	k	q	f	n	r	m	l	f	h	e	v	a	h
f	i	v	f	w	o	e	i	u	s	l	o	e	e	s
i	o	u	c	p	u	w	y	f	v	c	l	n	r	i
n	m	l	h	w	v	m	v	f	u	j	d	h	e	n
a	k	y	f	w	q	p	i	y	l	b	o	d	e	i
g	d	f	i	p	u	o	c	r	h	k	l	t	s	f
z	m	i	m	f	p	n	i	h	p	l	o	d	y	p
d	p	s	f	p	h	y	s	i	c	s	o	j	h	m
f	e	h	o	v	l	j	s	i	e	f	x	o	f	t
r	e	c	b	c	h	x	n	f	f	l	t	n	x	s
o	l	j	u	t	m	r	x	i	i	o	z	k	n	s
g	f	w	g	s	a	s	i	n	x	v	m	h	z	o

l and ll

Sometimes you need a single *l* and sometimes a double *ll*.
Let's look at this **list**, then you can search the grid.

c	k	z	y	u	w	n	w	i	l	b	k	g	o	y
l	l	r	v	r	d	p	c	t	n	r	p	x	y	u
t	i	d	b	z	n	k	i	e	d	g	f	b	a	u
n	s	g	p	o	n	b	e	l	o	x	i	c	b	y
k	c	o	h	n	d	w	w	r	l	o	p	m	u	l
n	e	c	l	t	o	o	z	p	l	a	t	r	s	d
m	o	s	c	l	q	u	z	w	a	s	r	h	f	l
a	s	w	l	u	g	g	a	g	e	k	o	y	o	b
p	f	a	a	e	r	m	z	k	r	c	l	l	a	g
b	h	a	u	l	g	c	i	j	e	a	l	l	y	s
s	p	i	l	l	l	l	v	n	l	y	o	e	y	y
q	j	p	h	u	k	p	p	h	p	r	j	j	n	f
s	l	l	i	f	r	e	j	o	q	m	z	y	h	s
b	l	l	i	r	h	s	p	a	p	d	z	v	e	r
k	n	i	l	c	s	h	b	h	y	q	v	l	y	a

leg

link

lump

like

lost

lollypop

light

luggage

fill

wall

spill

troll

jelly

shrill

pillar

Halloween

gem

gentle

giant

gear

gas

guzzle

gold

golf

jam

jug

juice

judge

jig

job

jail

jet

g and j

The letters *g* and *j* sometimes have similar sounds. Find all of the words in the *g* list, and then try the *j* words.

w	r	m	h	t	x	c	x	z	z	y
u	e	b	g	v	c	s	g	y	d	y
g	d	g	n	v	v	p	o	s	u	q
e	r	n	e	k	u	r	e	r	a	k
g	l	q	n	s	g	o	l	f	t	g
o	r	t	h	f	t	k	z	e	n	o
l	s	s	n	g	k	f	z	d	a	a
d	w	t	q	e	s	j	u	r	i	a
s	z	r	r	v	g	y	g	l	g	s
m	q	w	i	u	k	g	e	a	r	w
z	p	s	k	d	u	c	l	w	c	j

g

j

s	o	k	i	o	j	t	c	x	e	n
o	n	x	i	u	r	q	p	w	b	p
j	w	j	g	b	d	m	h	n	y	r
c	a	h	y	w	r	o	r	j	y	i
d	a	i	h	a	m	g	b	u	q	a
i	m	n	l	t	q	o	d	i	u	m
g	a	l	j	u	j	q	x	c	w	k
f	m	a	j	t	t	p	j	e	t	f
e	j	u	d	g	e	l	e	l	l	x
w	a	m	w	g	k	u	a	j	y	j
l	l	a	y	g	i	j	k	y	o	r

c, ck, k, and ch

Check out this list! **Can** you find each of these words below?
Make a **mark** as you find each one!

p	s	c	f	k	c	e	n	k	f	f	r	c	a	p
c	c	w	o	u	f	h	g	h	o	k	b	q	v	o
a	h	h	k	t	g	x	x	r	r	a	s	v	m	k
o	o	a	e	a	t	m	p	o	x	e	l	o	k	s
y	o	p	q	m	y	o	f	p	u	j	w	a	r	s
p	l	u	c	k	i	a	n	c	y	e	f	b	p	r
z	w	e	a	t	b	s	k	i	e	t	u	d	r	l
n	a	l	p	u	w	i	t	l	s	c	c	u	p	y
p	b	k	e	n	a	q	c	g	x	z	l	t	j	i
v	v	c	e	p	c	k	w	y	o	o	k	w	o	r
r	t	o	k	e	h	i	u	m	k	j	x	t	r	w
z	m	i	o	e	k	j	n	u	p	c	q	l	k	f
a	f	q	e	l	y	a	v	c	d	n	u	c	d	y
l	k	p	w	r	j	a	m	g	i	s	e	l	j	l
r	r	u	z	g	f	n	n	t	p	p	l	m	k	f

cup

cap

cape

picnic

cotton

peck

pluck

lucky

neck

key

fork

make

koala

kayak

school

chemist

sit

bu_

_orry

_and

octopu_

a_tronaut

mi_ _

le_ _

dre_ _

cla_ _

cro_ _

_inema

_ity

i_e

mi_e

_entipede

s, ss, and c

Which letter or group of letters does each word use? Add them in, then **cross** them off the list when you find them!

q	n	i	c	g	b	s	g	k	o	l	e	q	g	f
v	f	a	e	c	i	m	s	o	r	r	y	t	d	n
j	p	s	s	e	r	d	a	k	e	l	l	z	n	r
v	q	p	o	t	x	o	i	y	x	a	q	e	a	d
g	i	c	e	m	r	i	s	u	l	u	i	t	s	u
y	b	q	v	i	y	o	q	s	p	f	b	l	z	s
c	j	q	i	s	b	g	n	l	d	t	u	z	j	f
o	d	r	q	s	g	b	x	a	m	e	n	i	c	y
c	b	n	k	s	u	l	q	q	u	s	j	x	e	d
t	f	l	a	s	o	l	k	h	p	t	n	g	o	i
o	j	k	i	x	i	c	e	n	t	i	p	e	d	e
p	e	u	s	x	v	k	t	m	h	n	p	h	b	i
u	r	b	x	f	c	i	t	y	q	v	u	e	c	k
s	c	l	a	s	s	f	h	s	g	r	l	q	b	c
z	j	r	y	j	n	l	y	b	y	f	n	x	f	a

sh, ch, and ci

I **wish** for a word! All these words contain *sh* sound. Work through the list, and circle each word in the grid.

h	o	p	f	b	e	h	r	e	x	h	e	x	j	h
n	x	e	u	v	o	e	s	j	b	x	t	s	g	s
g	h	b	r	x	l	m	u	e	o	z	u	v	e	u
c	h	g	r	q	m	x	s	e	r	n	h	g	l	h
k	p	m	c	u	q	t	j	t	s	f	c	h	e	b
v	i	m	l	c	s	v	x	h	k	j	a	m	c	z
y	r	s	g	u	k	h	i	r	h	t	r	z	t	r
d	w	i	s	h	d	n	a	m	s	r	a	x	r	g
p	i	h	s	j	e	h	u	q	a	f	p	d	i	r
m	o	o	r	h	s	u	m	e	w	c	k	s	c	k
t	s	u	o	i	c	i	l	e	d	k	h	y	i	j
w	b	e	i	v	r	h	o	f	y	n	x	i	a	u
l	q	s	i	b	q	o	q	p	s	z	d	x	n	l
d	h	h	q	j	b	e	y	t	g	q	n	s	d	e
e	c	t	r	s	r	k	g	v	h	s	i	n	a	v

she

ship

wish

shark

hush

wash

fresh

brush

vanish

sunshine

mushroom

chef

machine

parachute

delicious

electrician

wet

wish

want

water

wash

wool

wobbly

walrus

why

when

whim

where

what

whisk

whale

which

w and wh

Watch for **words** that use *w* and *wh*.
Cross them off as you find them in the grid.

e	q	e	w	i	s	h	v	n	f	p	h	p	d	t
h	l	l	l	b	g	a	x	p	m	j	e	i	t	a
t	w	a	o	k	s	w	n	e	h	w	u	d	x	h
n	h	o	h	o	j	c	n	s	u	u	p	w	l	w
a	h	q	b	w	w	m	m	l	p	n	b	g	n	t
w	c	h	a	b	i	k	h	u	r	d	o	c	n	w
j	i	s	n	h	l	m	b	j	o	t	u	f	u	
s	h	a	w	u	q	y	w	q	t	c	o	e	x	r
e	w	w	p	e	h	a	j	w	k	f	r	r	v	j
v	a	h	g	e	l	w	d	a	t	a	t	e	v	k
p	l	s	q	r	h	e	k	t	l	g	r	h	b	y
y	g	y	u	y	t	y	t	e	w	l	e	w	g	p
f	x	s	b	w	v	j	u	r	k	s	i	h	w	p
z	b	k	a	e	e	m	t	q	u	d	l	p	u	h
n	d	w	b	f	t	t	z	s	e	b	g	u	e	g

z, s, and zz

Time for another **puzzle!** These words use *z*, *s*, and *zz*. Find all the listed words hidden in the grid.

d	c	a	t	e	v	q	n	q	q	k	j	a	z	z
r	m	i	g	d	q	z	j	g	l	n	s	z	p	b
m	x	i	w	f	m	v	p	p	z	o	i	u	a	j
t	m	x	v	w	l	s	a	z	j	o	z	q	k	p
l	k	y	l	e	x	k	i	s	p	z	g	m	s	r
q	b	e	e	s	e	f	x	l	l	z	m	a	y	u
v	h	p	d	z	k	b	e	e	i	x	f	z	o	l
r	l	y	e	e	b	a	s	p	q	m	t	e	i	d
g	a	e	v	p	s	k	g	a	z	g	i	z	a	g
x	r	j	s	e	f	z	w	v	w	e	a	n	t	j
b	u	q	z	a	p	h	e	n	s	r	o	m	q	z
s	b	z	j	e	e	g	q	h	d	e	x	b	l	b
b	z	g	p	r	a	q	a	j	s	n	n	z	t	u
n	o	f	q	c	s	r	n	w	x	y	b	w	h	z
b	o	c	u	m	b	q	q	w	w	y	a	x	m	z

zip

zoo

zap

maze

breeze

zigzag

lizard

bees

peas

hens

please

easel

buzz

fizz

jazz

puzzle

etch

itch

catch

witch

watch

match

patch

latch

batch

sketch

snatch

stretch

butcher

kitchen

ketchup

stretcher

Words using tch

These words all use the letters *tch*. Try reading them aloud, then **fetch** a pencil and get started!

q	i	u	y	b	x	r	k	d	a	e	t	c	h	q
i	h	c	t	e	r	t	s	w	h	z	s	z	e	g
g	r	k	i	t	c	h	e	n	d	s	s	c	j	n
x	z	d	h	q	h	p	l	l	l	m	a	t	c	h
r	x	c	c	j	e	a	z	o	j	c	d	l	y	p
a	t	l	t	c	a	l	b	p	u	u	b	p	x	i
i	n	u	a	h	c	h	v	j	u	v	a	n	v	z
h	a	m	n	s	v	c	x	g	i	h	t	o	d	h
p	c	t	s	h	p	t	f	k	z	y	c	u	k	c
b	z	r	h	c	t	a	p	r	j	k	h	t	j	t
c	g	m	u	t	h	w	h	n	r	g	n	t	e	e
j	p	u	p	a	n	c	b	u	t	c	h	e	r	k
t	u	k	j	l	t	b	t	u	u	e	k	s	g	s
d	n	j	b	a	l	i	d	i	l	b	s	c	h	n
r	e	h	c	t	e	r	t	s	w	u	i	i	j	x

Words that end in y

So **many** words end in *y*! **Try** to find each word in the grid, crossing them off the list as you go.

z	z	r	l	q	w	u	c	r	b	e	r	p	w	m
a	s	b	d	j	y	w	j	m	s	v	u	s	n	m
k	k	y	k	f	o	y	t	y	p	u	r	d	a	y
o	y	s	h	j	t	h	i	s	t	o	r	y	u	a
h	a	p	p	y	s	u	n	n	y	t	s	g	k	t
r	p	l	p	p	f	j	x	e	s	r	i	h	g	s
k	h	o	s	s	s	c	t	a	k	b	v	n	z	h
o	y	x	d	x	n	h	y	f	s	g	h	d	y	x
j	s	r	a	q	y	l	i	m	a	f	s	n	p	f
r	g	k	r	a	g	p	i	y	d	c	x	t	l	h
i	r	x	y	e	k	j	a	y	s	c	t	p	y	n
o	l	b	n	t	h	d	l	v	n	b	o	o	a	h
z	a	x	l	b	p	c	r	e	y	a	a	t	r	o
f	d	r	o	j	z	m	b	b	z	b	m	u	k	y
t	y	o	j	w	y	b	e	y	j	y	m	z	y	u

day

may

say

sky

stay

baby

lady

tiny

many

sunny

happy

empty

cherry

family

factory

history

fill

sell

spell

drill

stiff

fluff

bluff

sheriff

moss

hiss

press

class

across

illness

fuzz

pizzazz

Double letters

Here, you **will** find lots of words that end in double letters.
These can be *ll*, *ff*, *ss*, and *zz*.

o	m	q	q	d	q	j	o	e	l	b	s	a	y	u
u	f	i	x	f	d	s	p	e	l	l	s	f	b	f
g	m	i	l	i	k	m	b	g	e	h	i	f	l	f
r	x	u	l	l	d	p	l	v	s	x	h	i	u	i
v	f	h	j	l	n	r	i	u	o	o	w	r	f	t
f	t	t	o	c	c	e	i	z	m	e	g	e	f	s
k	t	e	k	a	l	j	s	l	z	p	u	h	v	p
l	l	z	u	m	a	h	p	s	l	a	f	s	l	m
t	q	o	f	q	s	s	z	w	a	a	z	w	e	v
a	a	l	o	z	s	f	g	r	w	f	f	z	k	d
p	k	c	z	e	r	j	r	y	o	m	x	u	u	s
n	c	v	r	k	e	g	o	m	t	g	m	i	z	y
u	k	p	y	o	m	e	g	x	x	l	o	t	m	z
u	a	c	q	h	s	r	z	y	q	y	s	z	q	p
a	z	r	j	g	q	s	c	c	d	m	s	h	b	t

ck endings

Take your **pick** from this list of words that all end in *ck*.
Use a **black** pencil to circle them in the grid.

w	n	v	j	b	b	z	p	l	a	c	k	m	c	u
n	o	v	n	s	t	a	c	k	w	b	c	k	b	v
a	n	e	l	d	c	m	z	g	k	k	u	c	k	z
y	c	h	u	k	l	g	r	z	c	t	r	o	c	g
k	k	b	c	f	o	y	o	y	o	k	t	l	i	w
d	c	f	k	g	f	l	z	n	l	f	c	a	l	p
z	o	e	z	p	j	u	x	f	c	r	v	i	f	g
o	c	v	e	l	l	d	i	b	e	b	k	x	p	t
y	a	b	l	a	c	k	y	k	q	t	q	f	g	i
t	e	j	z	k	a	q	c	q	d	f	a	y	n	e
e	p	d	r	u	h	i	r	y	m	t	p	e	w	g
x	k	c	i	l	t	y	z	r	g	d	c	v	x	z
w	w	d	e	s	j	z	l	b	d	w	r	e	c	k
z	e	u	t	t	f	q	x	i	s	u	f	b	h	j
l	j	v	v	e	p	m	h	r	g	u	s	o	c	k

lick

pick

stick

flick

pack

stack

lack

black

luck

truck

neck

wreck

lock

sock

clock

peacock

wink

sink

blink

stink

think

drink

bank

tank

thank

rank

flank

plank

sunk

bunk

junk

skunk

nk endings

Think about this group of words. They all end with *nk*. Can you find them all in the grid?

t	j	r	l	z	y	y	r	t	h	s	l	r	y	h
k	u	f	a	k	k	f	m	x	k	a	k	g	h	m
n	n	j	n	r	s	b	u	u	g	e	s	i	k	g
g	k	a	g	a	u	t	n	s	t	j	x	n	b	m
n	l	i	b	n	l	k	r	k	i	o	o	e	t	n
p	v	e	k	k	z	a	w	z	a	g	h	m	h	k
r	a	n	k	i	x	j	u	s	n	k	m	c	i	n
w	m	v	z	v	c	k	p	k	r	k	n	q	n	u
d	i	r	f	v	f	h	n	i	k	t	z	a	k	s
w	k	n	i	i	c	a	a	s	b	x	h	k	b	t
b	n	p	k	d	l	z	z	n	j	q	v	n	h	f
c	i	m	f	f	a	d	e	y	q	n	g	a	x	s
f	l	z	i	q	v	x	o	t	d	k	n	t	z	u
f	b	k	n	i	r	d	g	x	e	k	m	v	y	s
s	i	n	k	c	i	w	n	k	n	i	t	s	g	i

Syllable sounds 1

Look through this list of single-syllable words, and find them in the grid.

d	l	u	j	b	u	f	b	h	b	n	s	t	m	d
c	j	e	a	o	u	e	v	q	w	q	y	n	a	k
e	w	v	b	a	t	r	u	z	h	w	l	q	n	e
a	o	d	g	v	o	h	z	j	t	q	m	p	v	d
s	r	m	s	z	a	g	q	h	x	j	z	o	f	m
h	l	b	n	m	e	o	g	n	i	r	l	j	a	x
q	d	w	t	e	i	s	b	o	a	i	s	o	y	m
n	o	y	l	w	a	e	u	n	n	e	t	o	s	e
t	z	g	r	m	u	r	z	o	p	a	r	a	k	y
b	u	m	z	n	f	t	q	m	h	p	a	a	u	m
w	g	o	l	s	r	r	m	n	y	l	t	i	s	p
m	r	s	l	t	z	a	h	x	n	n	z	j	w	z
h	e	l	n	n	s	e	f	i	v	e	c	e	w	r
c	e	k	e	h	x	h	e	c	m	u	h	v	x	k
c	n	k	s	a	i	n	l	s	p	u	p	u	e	c

in

on

go

bat

cup

ten

out

take

near

ring

five

love

world

heart

house

green

over

city

lady

body

actor

water

seven

music

tiger

silver

Monday

thunder

perfect

sunset

birthday

princess

Syllable sounds 2

Awe-some has two syllables: *awe* | *some*. Let's find some awesome two-syllable words!

o	n	g	o	b	v	b	i	r	t	h	d	a	y	n
u	m	e	k	x	t	g	p	n	u	w	e	c	g	e
v	y	u	v	b	f	x	k	r	e	v	o	t	b	b
i	d	j	s	e	l	a	d	y	i	w	s	o	o	c
s	f	u	p	i	s	b	p	o	a	n	k	r	d	i
s	y	w	q	l	c	e	w	t	b	m	c	i	y	t
e	z	q	s	q	r	w	e	d	x	t	a	e	s	y
r	e	i	q	f	i	r	o	p	h	q	s	c	s	s
k	g	l	e	e	s	y	w	u	t	t	w	h	x	s
f	r	c	k	i	t	a	n	e	k	k	g	t	m	y
e	t	w	l	j	q	d	s	h	u	g	n	t	z	i
e	o	v	f	h	e	n	o	b	u	t	i	n	s	n
o	e	b	w	r	u	o	i	v	x	g	w	c	w	a
r	x	w	y	s	y	m	p	m	e	h	p	r	f	s
y	y	t	s	z	b	r	a	r	d	w	k	l	m	m

Syllable sounds 3

Re-mem-ber—you can sound words out to count the syllables. Find these three-syllable words next!

f	z	r	e	b	m	e	v	o	n	i	g	c	p	p
a	t	h	r	e	m	e	m	b	e	r	u	n	r	y
r	p	r	e	v	e	r	o	f	q	r	m	e	t	o
f	n	v	h	t	e	f	g	l	x	m	t	j	f	a
x	d	l	t	p	i	a	n	o	w	i	e	f	a	j
x	x	z	e	u	p	m	f	b	p	v	l	x	f	a
h	x	s	g	c	c	u	c	u	m	b	e	r	r	a
i	q	l	o	e	p	b	j	t	a	a	p	y	i	l
s	k	r	t	n	e	j	h	i	m	n	h	y	c	o
t	b	t	x	e	w	r	o	r	a	a	a	l	a	t
o	t	e	b	a	h	p	l	a	z	n	n	i	y	a
r	y	a	d	i	l	o	h	r	i	a	t	m	p	t
y	k	q	n	f	z	i	x	z	n	w	n	a	j	o
i	v	p	h	v	v	p	y	b	g	n	e	f	o	p
f	y	p	a	p	d	n	g	s	d	v	s	x	t	f

piano

family

Africa

potato

amazing

Jupiter

holiday

forever

history

alphabet

cucumber

banana

elephant

together

November

remember

have

wave

cave

dive

live

five

olive

drive

dove

shove

curve

leave

brave

twelve

behave

sleeve

ve endings

Look through these words that end with *ve*. Then grab a pencil and **dive** in!

z	h	i	b	w	l	e	w	v	p	a	d	q	i	l
w	n	s	d	e	b	c	z	v	h	k	d	g	u	p
b	u	d	a	v	f	a	w	c	e	v	i	l	o	m
l	t	v	h	i	f	v	e	v	v	f	v	e	f	t
a	e	a	n	f	q	e	v	z	x	w	e	o	p	f
e	v	a	w	j	e	v	o	d	p	u	e	d	z	e
e	y	q	f	d	a	x	h	l	l	v	z	r	v	c
a	q	w	e	g	m	s	s	o	i	c	c	i	t	m
m	c	b	r	a	v	e	i	r	x	m	l	h	v	v
i	f	z	k	g	q	y	d	s	e	r	d	e	z	e
e	v	o	q	h	t	s	q	e	v	p	k	v	p	v
k	w	q	e	v	e	e	l	s	l	u	s	a	b	r
t	m	s	l	q	n	u	v	d	e	o	i	h	h	u
n	o	g	h	c	o	e	w	e	w	t	k	e	e	c
d	b	a	j	v	o	k	t	l	t	h	f	b	y	c

Making plurals

Some **words** need just *s* added to make the plural. Words that end in *s*, *ch*, *sh*, *ss*, or *x* all need *es* added.

g	l	a	s	s	e	s	a	x	h	b	y	u	r	v
d	x	q	h	a	x	p	l	z	s	k	o	o	b	b
j	k	d	p	r	n	g	d	i	s	z	x	t	q	g
h	t	r	e	e	s	o	p	l	u	v	y	r	w	c
u	p	l	u	k	g	i	l	m	n	p	j	i	y	s
b	c	a	t	s	n	o	y	s	i	l	t	d	e	y
s	e	h	s	i	d	c	c	q	e	c	u	h	f	b
a	s	l	f	g	f	q	w	v	h	h	c	g	a	k
l	o	d	k	o	v	n	v	e	q	t	s	x	r	h
u	q	d	n	r	x	i	s	h	a	a	t	u	k	u
i	s	g	g	a	f	e	m	w	p	s	n	t	r	h
s	q	u	a	s	h	e	s	a	o	e	j	p	h	b
c	h	a	i	r	s	z	i	r	u	s	j	l	g	r
y	c	l	o	c	k	s	a	p	e	u	o	x	a	g
e	h	b	l	y	k	r	z	k	v	b	m	l	r	w

cats

foxes

dogs

buses

trees

brushes

books

witches

clocks

glasses

dolls

dishes

chairs

watches

hands

squashes

churches __

pen _

dress _ _

bowl _

wish _ _

rabbit _

torch _ _

bed _

bench _ _

shirt _

peach _ _

door _

class _ _

bird _

kiss _ _

link _

box _ _

More plurals

See if you can add the right endings to these plural words.
Then, find the plural words in the list.

s	e	h	c	l	s	w	s	t	i	b	b	a	r	g
e	e	i	k	g	e	k	i	s	s	b	q	v	p	j
s	u	h	e	x	d	s	m	s	e	b	b	e	d	s
d	e	z	c	i	q	t	s	x	h	y	k	y	c	s
o	r	h	t	r	x	r	p	d	c	e	h	o	h	e
o	z	k	c	p	u	i	g	b	n	s	s	z	s	s
r	h	c	m	a	o	h	b	q	e	q	s	d	k	s
s	a	d	v	k	e	s	c	h	b	x	d	a	n	i
i	h	l	q	s	l	p	c	l	m	a	r	j	i	k
g	i	p	e	w	j	r	z	m	g	z	i	e	l	k
i	l	x	o	m	o	r	f	w	c	s	b	i	k	g
t	o	b	v	t	p	e	s	e	s	s	a	l	c	v
b	u	f	y	e	l	i	n	f	a	q	t	i	p	r
x	s	k	n	y	k	i	f	m	o	t	k	e	x	l
v	y	s	c	j	c	s	e	s	s	e	r	d	l	k

Many plurals

Look at the list to see how these singular words change.
Can you find all the plural words in the grid?

q	s	l	i	y	q	a	d	h	b	c	l	b	t	n
h	e	w	z	b	c	w	e	w	r	s	a	b	t	n
t	i	f	l	q	e	u	i	i	s	b	y	q	e	e
e	t	q	l	u	s	i	e	t	i	q	s	o	q	r
e	i	d	f	i	b	s	u	e	f	y	y	l	b	d
t	c	v	e	u	e	d	s	j	n	s	c	b	o	l
v	u	q	e	s	i	s	k	b	d	e	b	p	e	i
u	f	u	t	e	e	w	r	g	d	p	z	l	e	h
q	c	w	s	e	h	i	o	d	m	p	p	z	l	c
l	n	f	n	f	i	t	k	m	n	o	u	q	z	b
c	w	e	r	n	m	a	i	s	e	p	u	l	c	k
m	z	d	w	y	p	c	y	p	q	n	k	n	m	a
s	y	m	z	v	p	e	y	e	s	y	w	m	i	y
t	h	m	o	n	k	e	y	s	x	c	s	h	v	z
u	h	t	i	x	c	r	a	k	u	m	p	v	t	e

eye → eyes

key → keys

boy → boys

fly → flies

sky → skies

cry → cries

city → cities

baby → babies

study →
studies

monkey →
monkeys

woman →
women

child → children

person →
people

tooth → teeth

foot → feet

cook, cooking, cooked

work, working, worked

talk, talking, talked

jump, jumping, jumped

snow, snowing, snowed

rain, raining, rained

pull, pulling, pulled

wash, washing, washed

lick, licking, licked

watch, watching, watched

drill, drilling, drilled

park, parking, parked

scratch, scratching, scratched

wish, wishing, wished

bark, barking, barked

push, pushing, pushed

Verb endings

We've added *ing* and *ed* to these verbs. Find the underlined words in the grid

d	b	a	k	x	c	z	q	t	m	i	y
u	n	c	u	p	p	w	d	b	d	u	g
j	p	u	s	h	u	i	j	r	s	w	n
p	u	u	u	z	l	e	i	d	a	o	i
a	l	m	a	d	l	l	e	s	v	k	h
r	r	o	p	v	l	k	h	b	k	c	s
k	a	q	s	i	l	i	x	o	w	f	i
e	i	b	n	a	n	l	o	o	r	f	w
d	n	g	t	g	d	c	r	n	u	q	g
g	e	d	r	p	m	k	z	d	f	v	n
i	d	w	f	b	i	l	u	w	s	u	i
e	d	a	s	n	b	a	r	k	e	d	w
q	k	t	g	j	a	y	r	p	y	m	o
l	i	c	k	e	d	e	q	j	d	t	n
j	c	h	s	c	r	a	t	c	h	z	s

Irregular verbs

Here are some more verb examples. Look closely—the underlined words are in the grid.

f	e	w	s	d	q	h	s	a	n	g	k	b
q	o	w	t	i	i	u	u	t	m	o	z	u
a	m	e	o	j	p	a	r	j	z	o	l	i
f	h	r	o	e	c	v	s	f	t	n	f	l
w	y	g	d	g	r	b	r	k	e	e	o	t
o	v	d	l	o	s	p	t	q	u	h	r	k
c	q	o	o	z	r	h	i	r	v	u	t	b
z	g	h	t	t	g	h	s	z	n	x	t	j
b	e	e	y	u	l	x	x	d	r	a	n	k
e	t	a	o	w	b	r	o	u	g	h	t	a
v	t	b	m	o	o	f	o	u	o	o	y	a
d	n	i	a	s	e	t	g	f	f	b	m	s
b	e	s	b	l	s	n	w	l	r	w	n	k
c	s	b	l	a	t	e	d	e	c	d	d	w
k	k	l	w	p	p	w	c	w	b	x	y	t

sell, selling, <u>sold</u>

buy, buying, <u>bought</u>

drink, drinking, <u>drank</u>

eat, eating, <u>ate</u>

grow, growing, <u>grew</u>

sing, singing, <u>sang</u>

build, building, <u>built</u>

tell, telling, <u>told</u>

fly, flying, <u>flew</u>

go, going, <u>went</u>

say, saying, <u>said</u>

see, seeing, <u>saw</u>

fall, falling, <u>fell</u>

stand, standing, <u>stood</u>

bring, bringing, <u>brought</u>

send, sending, <u>sent</u>

wild → <u>wilder</u> → wildest

thin → thinner → <u>thinnest</u>

smelly → <u>smellier</u> → smelliest

tall → taller → <u>tallest</u>

small → <u>smaller</u> → smallest

big → bigger → <u>biggest</u>

wide → <u>wider</u> → widest

long → longer → <u>longest</u>

funny → <u>funnier</u> → funniest

easy → easier → <u>easiest</u>

red → <u>redder</u> → reddest

high → higher → <u>highest</u>

strange → <u>stranger</u> → strangest

busy → busier → <u>busiest</u>

quiet → <u>quieter</u> → quietest

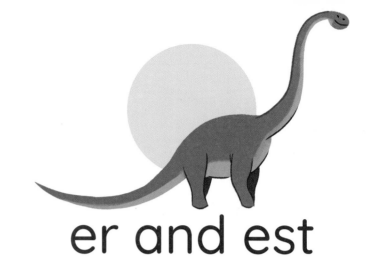

er and est

We've added *er* and *est* to these adjectives. Can you find the underlined words below?

w	l	j	r	e	g	n	a	r	t	s	o	w
r	e	t	e	i	u	q	y	t	n	g	h	l
a	m	s	k	d	q	d	s	b	a	g	l	t
b	p	e	e	d	x	e	u	g	z	a	k	o
r	h	h	m	y	n	s	m	a	l	l	e	r
e	c	g	o	n	i	a	r	e	d	l	i	w
i	m	i	i	e	a	s	i	e	s	t	f	k
l	e	h	s	y	j	w	c	w	l	t	q	n
l	t	t	t	p	k	v	s	y	a	u	u	t
e	a	r	s	j	w	s	l	m	o	i	s	k
m	l	v	e	p	f	u	n	n	i	e	r	r
s	l	e	g	d	g	u	h	k	g	o	e	t
d	e	g	n	r	d	w	p	g	e	d	h	e
i	s	d	o	o	a	e	i	u	i	s	o	p
u	t	g	l	n	o	b	r	w	q	m	h	s

Using ph

These words all use *ph*. Try reading through the list, then grab a pencil and find them in the list.

n	g	t	r	t	a	h	v	l	e	s	g	q	l	t
w	l	l	c	i	p	g	v	a	c	n	j	u	r	g
o	e	a	r	m	j	g	a	i	p	x	z	o	o	i
f	o	h	u	p	o	e	n	g	s	z	p	p	m	v
t	s	i	p	c	z	o	j	e	l	h	h	o	s	f
n	r	w	d	e	h	g	g	n	y	e	p	t	q	p
t	h	x	c	p	n	r	y	y	r	p	a	o	c	l
s	p	h	e	r	e	a	p	h	i	d	r	h	d	a
i	m	u	v	m	q	p	k	w	j	o	a	p	g	c
i	y	b	y	m	i	h	g	i	h	h	g	j	y	g
h	n	i	e	e	u	y	f	g	z	k	r	d	r	t
q	q	f	f	m	o	t	n	a	h	p	a	a	k	m
e	n	o	h	p	a	g	e	m	o	r	p	h	a	n
k	w	o	m	r	s	y	q	e	j	h	h	p	q	i
c	h	e	r	e	h	p	s	o	m	t	a	b	c	d

photo

graph

aphid

phantom

gopher

sphere

trophy

nephew

orphan

nymph

phonics

triumph

geography

megaphone

paragraph

atmosphere

the

then

this

theme

three

think

other

month

Earth

youth

health

father

wealth

weather

clothes

thousand

Using th

Try reading **through this** list, and **then** choose a pencil to complete the puzzle.

d	d	t	v	k	n	i	h	t	w	h	s	n	w	d
k	d	a	d	x	i	w	i	s	e	e	y	w	i	r
q	f	q	v	n	z	g	p	a	r	o	a	q	g	c
a	b	w	r	d	k	q	l	e	h	a	m	l	y	a
d	o	t	d	e	p	t	h	l	u	t	o	s	t	d
n	w	p	p	r	h	t	s	b	h	v	n	e	d	h
a	p	r	k	j	a	h	k	e	v	h	t	h	l	u
s	m	p	v	e	x	i	o	u	d	g	h	t	i	z
u	h	h	w	u	e	s	t	u	a	h	y	o	g	f
o	g	r	a	h	a	f	t	h	r	e	e	l	y	o
h	f	e	g	a	c	x	c	r	e	y	q	c	d	s
t	y	h	h	t	r	a	e	c	m	n	h	z	r	z
f	a	t	h	e	r	m	i	a	e	s	j	a	e	u
j	a	o	y	y	o	u	t	h	h	p	a	l	q	k
x	a	d	c	q	q	p	x	q	t	k	z	g	x	s

Using ch

Can you spot the connection between the words in this list? That's right, they all use *ch*. Start your **search**!

f	n	r	e	e	p	y	x	h	w	i	s	h	s	f
a	q	w	f	o	h	c	u	m	h	s	f	c	e	d
k	s	i	h	c	t	i	w	s	a	t	v	r	s	y
x	m	c	o	c	h	a	n	c	e	r	x	a	o	v
h	x	m	c	f	j	v	h	p	w	e	g	e	o	k
h	h	b	b	v	z	t	n	g	w	t	y	s	h	p
x	c	p	e	c	f	e	c	m	x	c	d	f	c	v
z	i	y	f	n	k	h	h	h	h	h	w	m	c	h
z	r	b	i	c	c	d	v	f	e	c	o	h	r	r
f	u	q	i	n	j	h	k	s	c	e	a	x	b	o
f	h	h	a	h	u	w	u	b	o	m	s	e	h	l
d	c	r	f	g	g	c	n	g	l	j	i	e	t	r
b	b	u	v	c	h	i	p	v	a	k	o	m	v	f
e	s	p	v	e	w	e	s	a	o	j	i	z	f	c
e	e	r	h	e	h	z	h	c	a	e	b	n	a	w

chop

chip

such

much

rich

beach

teach

bench

choose

cheese

chance

switch

branch

search

chicken

stretch

test

stem

stop

fist

stir

lost

nest

must

start

burst

stand

still

stain

strong

worst

student

Using st

Start by reading through the list. Then work through the grid finding as many *st* words as you can.

u	j	z	r	g	z	c	s	c	p	l	k	m	h	o
z	j	n	t	t	c	i	t	i	l	v	o	c	m	l
f	s	t	r	o	n	g	a	n	e	s	t	s	g	j
f	r	m	z	s	t	f	n	q	d	w	n	j	t	d
t	l	x	t	j	x	e	d	b	u	z	s	v	n	x
y	i	a	y	s	s	w	o	r	s	t	y	q	j	y
q	r	v	h	t	r	k	g	s	q	n	q	y	q	n
t	f	j	o	b	n	u	s	t	o	e	o	i	t	z
m	s	p	j	s	y	c	b	i	m	d	j	e	w	j
u	d	a	t	n	l	e	i	r	e	u	s	k	e	s
t	b	a	b	v	x	e	n	f	e	t	s	v	b	x
f	i	c	s	i	c	w	w	j	p	s	s	t	n	l
n	s	e	l	a	t	b	n	d	u	t	f	n	i	o
m	k	i	s	r	z	n	c	l	e	r	u	e	u	v
g	s	t	i	l	l	i	o	m	g	d	f	i	s	t

Adding un

These words use *un* to make words into their opposites. See how many *un words* you can find in the grid.

t	u	n	h	a	p	p	y	o	y	j	z	j	q	w
r	n	n	l	x	s	y	o	u	b	s	e	o	t	v
u	l	f	s	a	l	f	z	x	n	w	r	e	j	q
h	b	g	g	e	t	u	c	n	u	w	s	k	g	n
n	l	g	o	y	e	a	i	s	b	q	e	h	f	o
u	t	r	j	e	x	n	v	u	k	t	v	l	p	m
u	p	i	k	u	r	u	n	p	a	c	k	e	l	m
n	e	a	f	t	n	t	o	a	a	i	g	a	x	o
c	n	f	m	n	i	f	u	z	m	n	m	o	s	c
o	u	n	a	d	u	u	o	n	k	z	h	w	z	n
o	n	u	y	o	n	a	f	l	u	h	f	l	j	u
k	s	w	b	r	j	p	i	b	d	s	v	i	d	l
e	a	x	i	u	b	t	j	f	d	h	e	p	f	s
d	f	p	y	l	e	k	i	l	n	u	e	d	k	x
s	e	r	l	w	j	j	l	n	z	q	h	n	i	n

fit → unfit

cut → uncut

well → unwell

fair → unfair

tidy → untidy

safe → unsafe

pack → unpack

seen → unseen

used → unused

fold → unfold

hurt → unhurt

ripe → unripe

happy → unhappy

likely → unlikely

common → uncommon

cooked → uncooked

sunflower

watchman

stopwatch

haystack

rainbow

cupcake

watermelon

doghouse

farmyard

dragonfly

sandcastle

popcorn

pancake

swimsuit

keyboard

snowman

Compound words

Compound words are made up of two words joined together. Look through them, then try the **wordsearch!**

n	e	s	u	o	h	g	o	d	x	n	s	l	s	q
a	k	h	p	k	r	e	w	o	l	f	n	u	s	p
m	c	a	k	d	r	a	y	m	r	a	f	b	s	f
h	a	z	d	z	s	x	h	s	z	w	r	t	q	w
c	t	w	s	n	o	w	m	a	n	h	o	l	o	e
t	s	s	a	q	n	b	t	v	f	p	w	b	e	v
a	y	g	a	t	z	r	z	p	w	q	n	p	y	d
w	a	m	d	n	e	c	o	a	a	i	p	s	n	r
y	h	q	t	d	d	r	t	c	a	n	n	u	c	a
e	k	a	c	p	u	c	m	r	p	z	c	q	s	o
f	d	f	d	q	h	j	a	e	q	o	p	a	t	b
y	v	f	d	e	w	z	l	s	l	g	p	w	k	y
t	i	u	s	m	i	w	s	x	t	o	b	d	h	e
d	r	a	g	o	n	f	l	y	b	l	n	m	u	k
x	e	w	l	y	m	g	u	t	a	i	e	b	l	r

Joining words

Use a line to join each word together with its mate.
Find the words you make in the grid.

s	u	p	e	r	h	e	r	o	k	a	z	z
i	s	e	s	s	a	l	g	n	u	s	i	b
h	s	i	f	r	a	t	s	k	n	g	c	n
k	b	m	f	r	a	c	e	t	r	a	c	k
o	i	l	k	c	i	t	s	y	o	j	r	q
o	w	d	a	g	y	u	c	z	t	e	u	t
b	d	m	r	c	j	n	t	b	t	y	o	c
e	t	c	i	t	k	r	n	h	z	o	i	a
t	h	o	a	p	o	b	g	p	t	d	r	m
o	m	w	h	x	y	i	e	h	k	s	b	p
n	n	b	c	w	f	z	b	r	y	r	y	s
c	l	o	m	e	w	r	k	g	r	x	k	i
d	z	y	r	p	u	h	e	b	p	y	s	t
n	m	i	a	s	i	l	w	x	e	k	s	e
d	f	h	h	y	l	f	r	e	t	t	u	b

star	book
arm	chair
butter	site
race	fighter
joy	hero
cow	glasses
note	stick
super	berry
fire	boy
camp	fish
sun	brush
black	track
tooth	fly

the

today

said

says

are

were

was

his

has

you

your

they

she

here

by

my

Tricky words

Some words do not follow the same sound pattern as others. Find these tricky words below.

a	q	d	l	k	d	t	g	f	p	g	s	t	t	o
r	w	s	z	e	h	s	z	z	h	x	p	a	n	x
e	u	e	y	y	q	a	v	e	k	u	t	v	h	q
h	q	n	r	a	n	e	x	s	r	v	j	s	a	w
g	z	a	b	e	s	t	a	k	a	f	d	r	x	j
e	i	s	b	c	a	j	q	b	x	n	u	w	p	q
b	v	x	m	n	f	p	d	s	p	o	h	s	p	x
i	i	r	x	a	l	n	i	m	y	b	k	y	t	u
d	f	a	d	c	j	p	a	t	p	y	d	k	y	f
p	h	k	t	u	e	n	s	v	u	o	p	a	b	a
w	l	h	v	i	p	y	w	e	d	p	d	i	m	y
z	z	u	e	t	w	p	k	l	l	o	f	k	p	e
c	i	u	g	r	h	f	p	a	t	t	h	z	w	e
p	t	y	n	z	e	e	p	j	h	s	i	z	z	a
d	y	p	y	o	u	c	y	e	b	l	s	m	c	v

More tricky words

Here **come some** more tricky words! They are used often but can be hard to learn. Can you spot them?

b	o	x	h	w	u	p	c	v	g	o	p	x	h	m
l	h	o	u	s	e	v	u	d	f	y	e	r	r	d
p	z	f	h	q	n	d	o	j	d	m	x	f	m	s
u	x	i	e	m	x	k	j	o	p	p	r	d	j	h
t	e	c	g	a	b	g	b	i	s	i	o	s	k	w
y	n	n	d	w	v	q	t	n	e	o	k	r	u	p
o	f	a	s	k	p	u	v	n	i	e	m	m	w	w
f	e	k	d	s	s	h	d	x	r	g	s	e	h	a
q	s	e	q	p	f	m	f	e	n	j	n	v	c	l
y	e	h	p	g	w	a	h	b	r	l	v	o	y	k
g	g	j	i	d	r	t	h	e	m	s	m	u	c	k
o	b	f	i	f	n	u	k	j	a	e	g	z	v	q
v	s	o	b	t	d	n	l	i	t	t	l	e	o	v
w	z	m	d	a	o	k	t	d	w	l	d	l	s	h
h	b	e	l	l	b	d	r	h	c	y	b	o	j	p

so

do

me

he

come

some

there

little

once

Mr

Mrs

ask

join

walk

friend

house

badge

edge

hedge

fridge

age

huge

large

image

gem

gentle

giraffe

magic

jam

junk

jump

Japan

dge, ge, g, and j

The letters *dge*, *ge*, *g*, and *j* can make the same sound—it's like **magic**! Read on, then let's **jump** to it!

j	a	p	a	n	h	t	p	b	w	z	c	b	a	j
g	v	q	f	p	h	e	d	g	e	c	v	k	c	d
y	g	p	m	u	j	m	q	f	p	l	z	c	g	h
w	f	g	s	n	a	n	c	m	g	e	a	s	e	g
a	l	c	f	j	k	a	z	a	g	a	p	f	m	z
r	x	o	i	u	o	e	s	u	g	p	z	m	r	k
h	e	d	g	e	f	s	h	e	e	y	n	d	o	n
u	w	e	y	f	h	d	l	z	b	g	m	l	v	u
n	s	g	a	p	s	p	g	u	p	m	a	i	w	j
z	f	r	i	d	g	e	p	c	v	s	n	m	j	n
j	i	a	t	c	i	g	a	m	m	e	q	v	i	p
g	f	l	s	d	r	g	v	f	h	e	g	r	e	y
h	v	k	h	d	p	g	e	w	e	q	w	d	h	s
d	v	q	l	b	r	b	o	t	g	s	e	d	a	j
z	g	e	n	t	l	e	c	d	a	b	p	r	a	b

Silent letters

We've underlined the silent letters in these words. Can you find the whole words in the grid?

t	l	i	s	t	e	n	h	u	f	l	c	x	j	b
k	q	e	y	v	n	d	l	l	d	q	f	d	h	i
c	s	q	e	l	t	s	a	c	l	o	f	l	a	h
f	x	c	y	g	f	c	d	s	a	n	i	i	v	a
j	c	o	n	n	m	b	a	h	m	e	x	q	u	j
v	b	l	b	a	k	z	o	c	b	k	i	u	t	e
e	c	u	m	t	r	n	g	l	w	y	c	z	e	w
e	u	m	u	n	e	b	k	x	k	j	h	k	a	k
l	z	n	h	s	m	h	n	n	d	n	c	n	z	f
c	q	u	t	k	m	y	d	x	e	o	g	h	o	m
i	m	j	t	x	d	u	h	o	n	t	u	c	n	q
w	f	r	h	y	m	e	y	k	n	o	s	e	g	s
p	o	m	k	n	e	e	l	c	n	s	n	a	o	c
s	r	n	w	l	p	c	b	c	g	e	i	n	f	b
g	z	n	k	y	k	j	n	r	w	x	w	q	m	i

calf

half

knock

knee

know

lamb

thumb

hymn

column

gnat

gnaw

honest

rhyme

listen

fasten

castle

write

reason

written

right

wrong

red

wrap

riddle

wrote

rift

wrist

roll

wreck

ripe

wrinkle

raise

wr and r

Right! Here are some words that begin with a *r* sound, but some are **written** with *wr*. Can you find them all?

v	x	w	c	z	r	a	i	s	e	f	h	m	y	b
a	b	m	r	u	s	r	v	z	h	t	r	w	k	l
o	j	z	g	i	s	x	a	r	h	t	r	i	i	c
r	o	a	o	q	t	q	l	g	d	o	n	c	p	c
w	r	i	s	t	w	t	i	c	t	q	y	e	w	e
q	b	i	x	y	c	r	e	e	t	a	h	t	g	w
g	a	y	y	x	t	t	l	n	m	c	z	i	j	a
t	g	z	u	c	t	k	v	f	g	n	o	r	w	z
y	f	j	i	x	n	k	p	h	r	w	t	w	c	j
v	l	i	f	i	c	o	h	a	q	i	r	o	l	l
c	d	o	r	e	y	z	t	w	r	n	d	l	n	k
c	d	w	r	q	e	s	c	a	q	w	d	d	r	e
h	e	w	y	l	p	k	g	v	k	s	e	n	l	r
n	y	z	j	n	o	s	a	e	r	n	r	y	g	e
l	b	g	i	f	c	d	t	p	p	q	h	v	f	k

el and le endings

It's easy to **muddle** *el* or *le* endings! Add the right ending to the last ten words, then find all the words below.

c	f	m	l	t	a	b	l	e	e	v	l	i	v	h
y	m	u	a	n	k	l	e	l	m	r	e	j	e	c
p	y	q	e	a	k	t	b	k	o	y	l	l	s	y
l	r	s	t	l	q	a	o	n	d	j	g	e	s	r
k	o	v	i	u	t	b	t	l	e	p	v	v	e	b
i	x	d	n	s	w	f	y	e	l	l	d	a	l	f
b	v	f	s	t	u	j	u	t	l	h	t	r	e	w
l	e	w	e	j	k	a	t	o	g	k	v	t	o	w
y	f	q	l	l	b	v	e	h	h	h	c	h	i	t
q	c	i	w	b	t	g	y	l	l	k	t	i	d	l
g	a	x	p	j	l	s	p	g	t	y	v	c	t	g
s	m	c	i	z	f	i	a	l	l	t	t	x	a	v
l	e	q	q	l	t	p	z	c	d	k	o	p	r	p
d	l	b	x	j	u	n	g	l	e	t	b	b	x	b
l	q	u	r	m	p	b	i	b	k	d	y	k	l	g

fu**el**

tab**le**

mod**el**

bott**le**

cam**el**

litt**le**

tins_ _

cast_ _

jung_ _

hot_ _

ank_ _

jew_ _

tick_ _

trav_ _

stab_ _

vess_ _

medal

nostril

pedal

fossil

total

pupil

loc_ _

bas_ _

norm_ _

penc_ _

mamm_ _

gerb_ _

anim_ _

stenc_ _

gener_ _

pigta_ _

al and il endings

These words end with *al* or *il*. Complete the last ten words with the correct endings, and search the grid!

e	h	l	h	c	r	l	m	q	t	o	b	e	x	l
d	v	a	l	i	p	j	a	b	e	o	i	o	n	x
p	w	d	j	x	d	r	m	r	f	u	t	u	n	o
i	j	e	v	n	a	l	m	h	e	o	h	a	z	l
l	i	p	u	p	o	z	a	s	x	n	s	r	l	q
l	o	o	n	p	z	r	l	d	r	p	e	s	w	v
s	l	a	m	i	n	a	m	l	e	q	x	g	i	t
b	a	s	i	l	z	q	m	a	i	m	e	s	f	l
t	h	m	a	g	q	r	j	b	l	r	m	x	s	a
p	p	i	g	t	a	i	l	m	b	i	t	t	t	u
k	f	s	l	k	h	l	e	i	g	s	e	s	t	k
b	e	d	w	d	o	a	l	t	u	n	y	o	o	n
m	s	y	f	c	r	p	e	n	c	i	l	u	j	n
q	l	i	a	s	l	w	p	i	f	i	y	u	x	q
a	m	l	o	q	f	d	l	n	i	j	k	h	t	l

Words using y

Let's try with words that use *y*! Find these words in the grid, and complete the puzzle in **style**.

l	a	g	r	e	h	r	g	r	e	j	e	q	p	h
t	b	m	b	p	l	i	f	d	e	y	z	c	t	l
l	w	j	o	v	f	o	e	e	e	p	b	q	m	l
w	e	i	f	l	l	z	b	d	x	n	l	y	y	j
j	y	p	y	x	r	u	y	p	p	w	y	y	h	b
q	d	r	y	i	m	e	k	s	i	p	p	t	s	q
b	u	a	c	t	w	h	f	w	f	q	s	l	o	r
u	t	u	y	g	x	u	e	o	n	l	f	u	l	t
f	c	y	s	l	o	e	m	a	y	v	d	s	g	s
p	u	d	t	z	p	z	i	n	s	u	p	p	l	y
b	z	r	y	a	e	p	w	z	d	z	l	l	q	s
v	f	l	l	d	y	n	a	m	i	t	e	k	y	r
k	d	a	e	c	y	c	l	e	z	m	e	n	l	e
y	m	r	m	m	l	b	d	l	v	u	w	l	u	u
s	y	l	p	i	t	l	u	m	e	p	d	h	j	r

cry

buy

bye

fly

shy

dye

type

July

style

deny

cycle

apply

reply

supply

multiply

dynamite

dry → dried

copy → copied

try → tried

apply → applied

cry → cried

fry → fried

bury → buried

tidy → tidied

hurry → hurried

study → studied

worry → worried

carry → carried

bully → bullied

reply → replied

dirty → dirtied

supply → supplied

Changing y to i

Can you find these past tense words? In each one, the *y* ending has changed to *ied*.

c	w	d	k	r	m	t	s	w	k	b	m	q	e	q
d	o	e	d	r	u	k	j	u	j	t	c	g	h	s
d	y	i	b	e	g	d	e	i	l	p	p	u	s	s
t	h	t	u	t	i	n	l	p	r	z	o	t	i	d
r	r	r	r	n	e	r	m	d	b	f	p	l	e	i
b	l	i	i	b	m	x	r	t	o	y	r	i	e	t
e	d	d	e	k	u	a	j	u	u	d	r	i	e	d
w	e	n	d	d	i	l	c	a	h	c	r	i	e	c
z	i	i	u	q	w	s	l	l	o	k	d	u	k	d
k	p	r	r	j	h	t	t	i	d	i	e	d	b	w
r	o	d	e	i	r	r	a	c	e	p	w	m	d	n
o	c	a	r	b	f	f	s	c	x	d	s	w	v	t
u	c	p	d	e	i	d	u	t	s	t	j	l	u	l
w	o	r	r	i	e	d	z	d	e	i	l	p	p	a
r	e	p	l	i	e	d	q	k	s	e	d	u	u	t

Dropping the e

Can you write out the word using the endings shown? For each one, remove the *e* from the end of the word.

g	x	d	t	r	i	p	e	s	t	w	e	t	l	i
b	o	z	l	y	c	a	g	n	i	v	i	g	l	b
w	l	m	a	g	k	g	r	n	o	b	w	w	p	l
w	i	o	t	e	n	y	j	r	i	w	x	i	d	c
z	o	p	e	i	f	n	d	b	i	v	g	b	r	l
i	a	z	s	r	e	t	u	c	r	v	a	p	i	o
x	h	n	t	r	w	e	x	l	a	e	e	s	v	s
a	e	p	s	e	j	s	a	f	e	s	t	d	i	e
s	h	x	j	r	d	e	t	o	v	x	r	m	n	s
s	i	b	t	u	c	b	v	p	a	i	d	v	g	t
r	k	a	r	p	z	q	j	u	t	a	u	o	l	e
o	i	k	z	y	o	g	s	l	t	r	r	s	i	h
d	n	i	u	k	c	x	r	a	g	u	j	z	k	n
z	g	n	o	q	k	c	u	d	j	l	s	a	e	w
o	v	g	j	b	c	s	l	o	t	y	l	h	d	x

hike (ing)
hiking
_____

arrive (ed)
_____

bake (ing)
_____

drive (ing)
_____

like (ed)
_____

give (ing)
_____

save (ing)
_____

sense (ing)
_____

vote (ed)
_____

close (est)
_____

cute (er)
_____

late (est)
_____

pure (er)
_____

ripe (est)
_____

safe (est)
_____

hum →
humming

pat → **patted**

sad → **saddest**

tip → **tipping**

mix → **mixing**

fat → **fattest**

run → **runner**

hot → **hotter**

wet → **wetter**

spot → **spotted**

shop →
shopping

fit → **fittest**

pop → **popped**

slip → **slipping**

flat → **flattest**

tap → **tapping**

Doubling letters

All the words in this list double their last letter. Find one exception, then find the underlined words below.

e	k	w	n	p	a	s	u	w	g	m	f	g	w	s
k	a	k	l	c	x	h	b	b	l	l	l	v	p	f
k	p	e	x	a	p	n	y	f	l	f	a	o	q	k
n	g	n	i	p	p	o	h	s	c	y	t	h	x	x
s	g	h	t	a	p	p	i	n	g	t	t	f	f	c
c	n	t	s	e	d	d	a	s	e	h	e	r	b	n
e	i	n	x	e	f	e	c	d	h	t	s	u	q	d
t	p	r	o	g	o	r	b	s	t	s	t	n	z	l
i	p	h	e	v	e	w	k	a	s	e	b	n	h	j
p	i	h	z	t	p	u	g	i	e	t	y	e	y	g
p	l	a	t	a	t	u	q	n	t	t	p	r	n	f
i	s	o	t	g	l	e	u	w	t	i	r	i	s	r
n	h	t	x	l	g	e	w	n	a	f	x	w	k	j
g	e	p	o	p	p	e	d	r	f	i	a	w	g	x
d	h	u	m	m	i	n	g	s	m	m	t	t	l	p

Words with al

These words use the letters *al*, and they **all** make similar sounds. Search the grid to find them!

l	h	a	l	t	h	o	u	g	h	g	l	a	d	e
l	v	r	s	u	i	e	e	k	p	y	l	l	l	w
l	b	w	e	h	q	k	c	y	r	q	a	s	e	l
a	u	f	s	l	h	j	y	l	k	j	m	o	p	y
b	k	b	x	l	j	t	h	t	e	c	s	s	r	d
t	z	i	l	a	h	r	w	l	m	i	y	l	d	j
e	l	b	l	t	i	n	e	t	y	a	g	v	w	v
k	l	m	l	s	h	c	b	e	w	f	q	o	t	j
s	a	b	a	q	g	z	t	l	v	r	l	u	u	g
a	c	h	t	l	a	s	a	l	s	l	x	q	n	w
b	y	j	s	w	y	w	l	a	a	w	b	m	l	d
n	x	n	n	r	d	q	l	w	n	w	n	o	a	q
e	f	d	i	n	s	u	s	b	a	v	q	b	w	n
r	u	v	e	h	n	d	d	l	a	b	e	i	a	g
w	c	j	e	s	l	a	f	a	k	d	k	j	r	e

all

call

tall

small

stall

install

basketball

also

salt

bald

false

swallow

wallet

always

walnut

although

son

won

front

sponge

monkey

dozen

nothing

brother

honey

mother

other

wonder

Monday

cover

discover

government

Words with o

Can you **discover** these words hidden in the grid? They all use the letter *o* and make similar sounds.

y	o	j	n	o	t	h	i	n	g	u	m	a	g	q
e	f	c	r	c	k	v	m	c	r	e	d	n	o	w
n	r	m	e	g	n	o	p	s	f	x	x	j	i	c
o	r	y	l	j	g	o	v	e	r	n	m	e	n	t
h	g	u	p	k	p	x	l	a	c	j	x	l	h	g
m	s	t	m	y	t	n	o	r	f	z	b	j	h	f
m	x	l	s	o	b	h	r	e	v	o	c	s	i	d
s	j	o	a	n	m	r	m	o	n	d	a	y	r	b
t	n	s	m	o	e	c	r	w	y	y	i	x	e	r
y	s	v	n	h	m	e	d	j	x	q	w	m	h	o
v	j	k	t	z	v	h	x	d	l	b	d	u	t	t
f	e	o	s	o	w	h	s	p	o	g	q	l	o	h
y	m	n	c	s	w	o	s	n	y	z	r	k	k	e
n	s	b	t	b	c	c	n	c	r	w	e	b	t	r
o	l	y	z	f	u	v	u	a	a	e	r	n	p	p

Using ey

The **key** to solving this puzzle is knowing that *ey* sounds like *ee*. Look through the list, and complete the puzzle!

q	r	a	l	a	b	x	h	j	c	t	j	i	v	u
b	e	a	e	h	o	z	d	j	o	x	f	o	o	z
c	y	r	u	x	y	e	l	r	a	b	l	c	m	t
a	e	g	s	t	n	t	r	o	l	l	e	y	k	y
z	n	h	o	s	c	u	h	d	e	v	x	l	e	t
n	m	o	h	i	t	r	s	y	x	w	t	n	y	y
i	i	n	e	r	y	k	b	f	x	e	d	h	q	e
m	h	e	l	b	w	e	o	j	b	i	y	v	r	n
g	c	y	g	k	u	y	n	v	k	y	e	b	u	o
d	j	h	q	b	h	n	a	r	w	i	s	o	u	m
o	o	o	h	d	k	l	s	p	u	v	r	a	x	u
n	e	c	y	e	l	s	r	a	p	o	e	w	o	f
k	y	k	r	e	l	q	b	s	d	j	j	e	t	b
e	c	e	y	u	h	l	i	d	k	u	g	h	j	b
y	p	y	s	r	h	y	i	g	z	g	q	b	o	a

71

key

joey

money

honey

jersey

turkey

kidney

barley

volley

donkey

hockey

valley

chimney

parsley

trolley

journey

want

wand

water

watch

waffle

wallow

wash

swap

swamp

quantity

quarrel

quarter

squash

squat

squabble

squadron

w and qu

Watch out! All of these words contain *wa* or *qua*. Let's see how many you can find in the grid below!

h	z	n	r	s	h	s	a	w	g	v	r	w	e	q
w	j	t	k	b	i	g	n	u	u	m	g	a	k	j
f	y	a	i	e	l	b	b	a	u	q	s	f	j	z
l	r	u	j	w	p	x	n	d	u	l	t	f	u	o
q	v	q	v	a	q	a	v	w	s	f	t	l	s	l
t	v	s	u	l	b	u	u	h	f	s	y	e	q	l
v	w	i	e	l	q	u	a	r	r	e	l	w	u	n
k	c	r	i	o	q	w	a	n	d	x	t	z	a	q
f	g	h	q	w	k	s	m	d	t	w	p	y	d	u
b	k	s	w	q	s	c	s	a	w	i	l	r	r	a
n	o	a	w	q	d	r	o	w	k	w	t	n	o	r
e	n	g	u	a	i	s	s	u	a	w	f	y	n	t
t	d	a	i	l	p	h	x	t	t	m	p	h	z	e
p	s	w	n	x	a	y	c	g	m	e	p	t	i	r
h	k	x	q	u	x	h	n	c	r	e	t	a	w	n

Sound after w

If you **work** through this list, you will see that all **words** use *wor* or *war*. Find a bright pencil to circle each one!

j	q	o	t	f	c	m	k	y	p	z	d	j	g	b
i	i	n	n	r	g	r	p	w	w	m	r	c	g	h
d	r	o	w	a	w	o	b	i	o	o	l	a	u	l
q	q	x	f	w	m	w	s	u	k	r	r	o	f	q
s	r	j	g	d	y	h	v	r	v	w	s	s	k	i
v	u	d	l	j	k	k	o	u	m	s	o	h	e	b
d	d	w	o	t	o	w	a	r	d	z	m	r	i	d
r	b	a	c	k	w	a	r	d	b	r	c	i	l	p
g	a	s	w	a	r	m	g	n	a	q	x	a	n	d
c	r	w	q	z	j	r	n	w	x	e	g	o	l	m
s	e	w	o	r	t	h	i	l	j	a	a	t	s	b
n	k	t	l	d	t	y	n	p	w	r	v	p	m	k
e	r	i	w	k	r	o	r	p	c	e	w	t	s	h
q	o	b	h	w	m	a	a	b	y	y	u	c	t	o
x	w	d	j	o	k	n	w	x	z	v	u	i	x	y

word

worm

work

worse

worth

world

worker

worship

war

warm

ward

swarm

dwarf

toward

warning

backward

usual

Asia

casual

measure

treasure

Persia

pleasure

seizure

composure

leisure

division

confusion

conclusion

explosion

version

television

s sounds like zh

Here are some **unusual** words! The *s* here makes a *zh* sound.
Keep your **composure,** and complete the puzzle!

x	g	m	a	a	t	p	s	e	i	z	u	r	e	d
t	o	e	r	u	s	o	p	m	o	c	t	e	c	i
x	l	o	b	m	p	n	k	x	q	x	r	q	o	v
w	q	a	x	e	c	o	u	g	k	l	e	n	n	i
d	v	h	u	a	s	i	n	e	y	o	a	z	c	s
e	e	z	n	s	q	s	p	p	z	c	s	f	l	i
r	r	n	o	u	u	o	w	t	f	i	u	i	u	o
u	s	o	i	r	p	l	e	a	s	u	r	e	s	n
s	i	i	s	e	m	p	z	f	w	i	e	q	i	f
i	o	s	i	c	k	x	a	f	z	j	u	l	o	v
e	n	u	v	d	h	e	i	a	s	i	a	a	n	q
l	w	f	e	l	l	p	s	e	w	l	u	u	x	q
p	m	n	l	m	r	l	r	a	m	f	s	s	o	r
m	e	o	e	s	g	p	e	b	q	f	p	a	c	s
q	u	c	t	q	s	a	p	c	i	s	z	c	h	y

Adding suffixes

We've added suffixes to these words. Underline the root words, then, **carefully** search the grid for the full words!

h	b	f	o	i	t	t	s	u	r	e	l	y	f	w
o	h	l	h	y	n	j	n	p	t	g	p	l	o	j
p	o	u	o	q	e	s	s	e	n	l	l	i	l	w
e	m	f	t	f	m	g	o	l	m	v	g	q	b	g
l	e	e	s	s	e	n	d	a	s	e	b	u	i	i
e	l	p	u	z	v	a	r	v	m	z	s	l	q	v
s	e	o	p	u	o	y	g	l	g	g	p	u	e	z
s	s	h	c	j	m	m	z	r	o	r	m	f	m	y
f	s	w	m	y	r	n	r	o	e	c	n	y	b	a
s	q	w	v	g	q	p	d	w	l	e	n	o	d	i
v	s	s	e	l	d	n	e	o	n	r	m	j	r	g
x	o	j	k	e	e	s	s	e	n	k	a	e	w	w
p	v	h	n	s	k	l	u	f	e	r	a	c	n	i
i	p	y	s	i	q	l	q	z	v	q	h	s	y	t
y	l	u	f	e	s	u	y	o	s	f	r	a	l	i

careful

sadness

hopeless

amusement

useful

illness

endless

weekly

agreement

joyful

goodness

homeless

surely

movement

hopeful

weakness

merry → <u>merriment</u>

happy → <u>happiness</u>

penny → <u>penniless</u>

mercy → <u>merciful</u>

ugly → <u>ugliness</u>

pity → <u>pitiless</u>

body → <u>bodily</u>

duty → <u>dutiful</u>

mighty → <u>mightiness</u>

day → <u>daily</u>

beauty → <u>beautiful</u>

silly → <u>silliness</u>

fancy → <u>fanciful</u>

lazy → <u>lazily</u>

empty → <u>emptiness</u>

Suffixes with y

When you add a suffix to these words, the *y* becomes an *i*.
Look at the list, then find the underlined words.

o	f	l	b	m	s	i	l	l	i	n	e	s	s	f
h	u	u	v	r	a	t	x	m	d	s	l	y	y	z
a	j	f	o	g	s	d	x	e	s	u	d	s	j	p
p	r	i	x	b	c	y	b	e	f	t	f	s	s	k
p	a	t	b	v	d	i	n	i	r	a	a	e	s	m
i	o	u	v	a	n	i	t	o	z	p	n	n	e	e
n	y	d	i	b	l	u	s	i	s	k	c	i	l	r
e	v	l	w	g	a	t	b	a	x	s	i	t	i	c
s	y	l	u	e	m	t	y	o	r	u	f	h	n	i
s	k	r	b	h	w	k	r	n	d	m	u	g	n	f
y	l	i	z	a	l	x	k	e	v	i	l	i	e	u
t	t	n	e	m	i	r	r	e	m	j	l	m	p	l
v	f	s	e	z	j	y	g	e	n	g	m	y	m	x
x	c	z	e	m	p	t	i	n	e	s	s	w	z	t
e	p	i	t	i	l	e	s	s	m	y	m	y	b	g

Words that use tion

The letters *tion* are used in many words and make a *shun* sound. Try to find these examples in the grid.

a	h	g	p	r	o	t	c	u	u	c	f	e	o	q
g	e	g	n	d	e	r	s	n	b	r	v	b	h	m
c	c	q	o	o	e	v	z	t	i	f	y	q	u	y
q	o	l	i	a	o	a	o	c	a	p	t	i	o	n
g	m	y	t	l	p	m	t	l	d	t	c	i	b	o
x	m	i	p	f	c	i	b	q	u	x	i	b	l	i
j	o	n	e	j	o	q	v	e	q	t	w	o	q	t
n	t	a	c	n	o	i	t	i	n	g	i	x	n	o
a	i	t	x	q	g	f	b	a	c	t	i	o	n	m
t	o	i	e	y	n	o	i	t	c	n	u	j	n	m
i	n	o	i	t	o	l	h	c	k	z	q	r	k	j
o	r	n	q	g	v	a	c	a	t	i	o	n	g	o
n	i	a	c	x	j	m	t	e	f	i	h	h	c	r
v	o	l	t	d	a	s	z	h	b	u	o	q	j	o
i	n	k	n	o	i	t	c	e	l	e	s	n	l	u

nation

station

creation

national

motion

fiction

revolution

caption

vacation

selection

commotion

action

exception

friction

ignition

junction

lotion

their, there

here, hear

one, won

sea, see

bear, bare

be, bee

knight, night

blue, blew

too, two

sun, son

Homophones

These are words that sound the same but are spelled differently. Let's find each pair of words in the grid.

e	r	e	i	k	t	n	g	t	p	c	t	y	d	l
h	a	b	n	y	t	n	a	h	s	y	f	w	s	r
t	e	u	l	i	i	m	j	e	b	e	m	w	o	n
a	h	e	a	e	j	z	m	r	a	l	o	c	n	f
b	i	m	e	x	w	e	f	e	r	v	f	c	f	k
c	q	s	d	s	w	k	p	e	e	u	s	a	c	b
u	a	r	n	b	e	n	d	f	u	x	q	t	f	o
g	b	u	f	s	y	i	p	m	s	a	x	u	m	o
v	s	x	m	c	g	g	w	l	u	x	q	m	v	t
h	t	e	d	s	t	h	e	i	r	y	v	a	d	r
t	t	e	n	t	e	t	b	e	o	s	y	i	k	n
k	e	d	u	o	h	r	a	q	a	n	f	s	l	y
b	h	e	x	l	f	g	e	e	v	q	r	a	e	b
c	k	y	n	a	b	g	i	h	s	j	e	y	e	z
q	v	y	x	b	h	m	d	n	u	q	r	i	y	y

Tricky words

Here are some words that don't stick to the rules. Learn to recognize them and they will become familiar friends.

o	q	a	l	f	s	j	q	d	d	v	j	x	v	l
s	b	a	x	y	b	p	z	r	b	l	j	t	p	h
c	k	w	o	d	r	e	m	o	s	t	i	a	h	p
z	f	j	l	p	z	e	h	p	t	s	r	w	t	r
m	k	o	m	y	e	q	v	i	m	e	s	g	o	o
y	a	n	n	l	z	a	f	e	n	p	x	y	b	v
s	e	e	u	n	n	w	t	t	p	d	d	b	t	e
h	b	r	e	o	l	e	s	v	e	o	u	k	t	e
y	n	d	j	n	a	f	n	r	b	b	m	i	l	c
b	e	l	g	l	b	e	f	y	v	r	v	s	d	t
i	v	i	f	b	r	e	r	w	o	t	o	l	o	x
i	e	h	e	s	o	e	a	d	x	w	i	o	k	k
r	n	c	o	p	v	w	a	n	h	h	x	p	d	p
o	l	b	c	e	w	i	v	i	c	d	h	a	z	i
e	s	i	c	f	n	k	r	f	f	r	k	k	a	k

door

find

behind

child

children

wild

climb

most

only

both

old

every

everybody

parents

even

prove

beautiful

after

sure

sugar

eye

could

who

whole

many

clothes

busy

people

water

again

half

money

Words to learn

Here are some more tricky words. These often cannot be sounded out, but you can learn to recognize them.

m	q	p	z	p	e	o	p	l	e	h	b	u	s	y
o	i	g	q	l	n	l	d	q	d	c	r	b	p	j
n	w	v	i	m	t	l	h	i	l	w	k	r	s	z
e	s	q	z	r	h	b	c	r	l	v	h	z	x	x
y	r	u	c	h	e	z	j	l	e	b	g	x	t	i
t	t	u	g	k	s	t	s	k	o	t	a	d	w	h
z	f	w	l	a	y	r	f	a	t	t	a	h	t	a
y	p	n	p	e	r	v	c	a	s	t	h	w	u	h
b	c	q	m	l	l	u	f	i	t	u	a	e	b	p
i	p	a	t	q	o	b	u	w	v	g	o	g	s	u
q	n	a	g	a	i	n	c	e	h	n	v	h	t	h
y	d	g	x	z	u	o	s	r	j	o	q	f	w	a
e	n	d	o	h	u	i	c	u	k	i	l	e	e	l
s	y	s	y	l	g	n	k	s	h	g	m	e	m	f
r	q	e	d	e	a	a	d	y	c	s	l	t	v	b

Starting sounds

Let's look at **lovely lists**! Underline the words with the **same starting sounds**, then find them in the grid!

k	c	z	o	b	i	w	h	e	n	o	g	o	q	g
k	z	b	z	b	a	b	e	h	t	v	l	e	n	l
p	n	o	r	w	t	c	s	r	e	g	i	t	d	n
j	s	u	e	f	t	o	k	s	e	l	g	g	i	w
q	q	n	v	p	u	o	l	l	e	m	s	v	v	c
q	v	c	e	s	r	u	e	s	t	i	n	k	y	a
b	v	e	l	z	n	y	z	s	x	c	t	g	q	t
f	n	l	c	l	s	x	h	t	s	t	a	y	c	c
c	a	t	e	r	p	i	l	l	a	r	s	t	q	h
b	s	f	i	v	f	g	l	v	n	t	m	t	s	x
p	k	y	m	e	f	d	q	g	r	x	i	v	v	w
w	c	t	f	a	l	k	z	i	p	c	a	y	o	e
t	o	g	b	l	u	e	p	e	k	f	c	r	o	k
w	s	y	l	h	u	e	n	l	v	x	m	a	l	a
e	x	z	i	w	d	r	e	g	t	b	a	c	b	t

My clever cats catch big caterpillars.

Small blue balls bounce up and back.

Dad's striped socks smell stinky.

Let's take turns to tickle tigers' toes.

81

She <u>sells</u>
<u>seashells</u> on
the <u>seashore</u>.
The <u>shells</u>
she sells are
seashells I'm
<u>sure</u>.

Peter Piper
picked a peck
of pickled
peppers,
but where's
the peck
of pickled
peppers Peter
Piper picked?

Round and
round the
ragged rock
the ragged
rascal ran.

Lots of letters

In these rhymes, underline the words that **share** the **same** **starting** letter, then find the words in the grid.

e	e	r	o	h	s	a	e	s	h	t	p	k	i	r
y	s	f	s	z	x	n	u	d	a	j	d	i	f	o
j	p	e	t	e	r	r	h	c	n	e	t	s	a	u
m	h	z	w	s	e	m	n	i	g	g	j	l	e	n
s	l	l	e	s	w	m	b	g	r	r	f	l	f	d
h	p	n	p	k	z	r	a	n	h	a	f	e	z	w
e	e	l	c	z	e	r	o	o	k	e	n	h	w	c
l	p	w	a	p	a	c	m	k	e	h	b	s	u	f
l	p	p	i	c	i	b	y	o	p	s	g	a	y	g
s	e	p	x	m	s	c	u	i	d	g	l	e	p	p
w	r	d	i	w	g	a	c	r	c	e	j	s	e	r
c	s	r	t	i	u	k	r	l	o	b	k	r	c	u
n	a	f	e	s	l	g	s	z	h	c	x	c	k	q
l	h	l	h	e	f	h	v	f	n	c	k	x	i	t
y	h	p	d	q	l	y	b	s	v	u	y	n	l	p

Rhyming words

It's **time** for a **rhyme**! In each rhyme, underline the rhyming words. Can you find them in the small grids?

r	n	g	d	e	f	n	m	d	i	n
f	s	r	t	t	o	c	d	n	a	o
t	u	l	h	n	h	w	q	m	k	i
a	i	w	e	c	n	a	t	x	v	k
b	n	j	q	c	e	h	t	r	a	t
p	y	i	t	s	x	z	t	u	z	m
d	u	a	p	a	a	n	k	y	b	h
p	s	q	p	b	s	j	m	y	i	z
m	k	s	m	h	g	t	h	i	b	l
a	q	t	w	y	u	k	a	m	q	i
t	w	x	z	v	c	k	t	c	g	p

Note: Repeated words appear only once in the grid.

n	o	s	e	e	d	g	h	u	c	p
i	x	f	v	e	s	x	m	t	c	f
t	h	s	k	b	c	b	r	e	f	b
i	e	c	a	p	y	e	f	p	l	j
e	b	s	w	w	e	z	o	o	m	u
m	c	q	e	y	q	p	o	e	y	a
f	o	c	z	o	k	m	a	f	u	l
l	c	o	t	s	g	e	y	p	y	m
t	b	v	v	n	e	m	q	j	o	l
f	l	g	l	l	g	e	v	a	u	d
h	v	j	k	m	h	z	s	q	r	y

The <u>cat</u>, the <u>bat</u>, and the <u>rat</u> each wore a <u>hat</u>. They <u>sat</u> on the <u>mat</u>, and <u>that</u> was that.

What can I see up in the tree? A tiny bee is looking at me! He lands on my nose, then off he goes to buzz and zoom from bloom to bloom.

On a sunny <u>day</u>,
In the month of
<u>May</u>,
A warm, gentle
<u>breeze</u>,
Whispers in the
<u>trees</u>.

The branches
sway,
as lambs frolic and
play,
and birds flutter
high,
in a clear blue sky.

A bird in a nest,
sets out on a
quest,
to find a small
treat,
for her young
chick to eat.

Rivers are flowing,
new plants are
growing.
Let's open the
door,
and go out to
explore!

Rhyming words

Here's another rhyme! Read it through first, then mark the
words that rhyme, and find them in the grid.

p	t	o	r	i	c	y	s	v	y	a	j	s	k	f
w	u	y	z	c	a	t	r	z	i	a	p	p	l	e
j	b	q	t	d	b	e	y	m	s	q	l	o	v	x
x	a	w	r	o	p	z	h	r	d	c	w	p	n	p
q	g	a	e	p	d	e	n	v	y	i	y	c	p	l
y	k	r	a	f	s	e	e	w	n	q	k	z	r	o
j	v	k	t	j	g	r	s	g	j	l	v	o	c	r
c	b	z	z	r	f	b	t	w	q	x	o	h	f	e
h	v	f	e	h	e	h	t	k	j	d	a	y	d	v
r	m	w	e	r	x	e	f	s	t	o	c	u	j	w
s	m	t	t	k	p	c	s	t	e	w	p	o	v	s
k	a	h	p	t	t	o	r	y	x	u	s	c	p	s
e	f	g	j	e	m	n	l	k	r	r	q	q	r	k
u	g	i	e	a	y	a	w	s	b	b	w	b	r	u
v	g	h	y	m	n	g	r	o	w	i	n	g	f	k

ANSWERS

Page 4

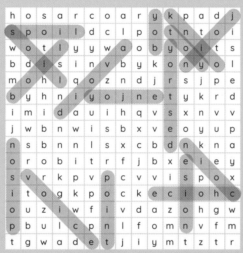

Page 5

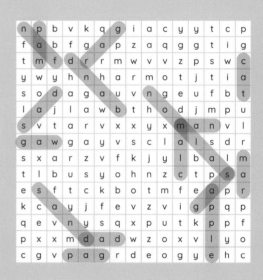

Page 6

Page 7

Page 8

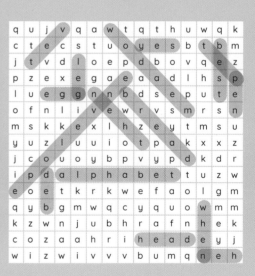

Page 9

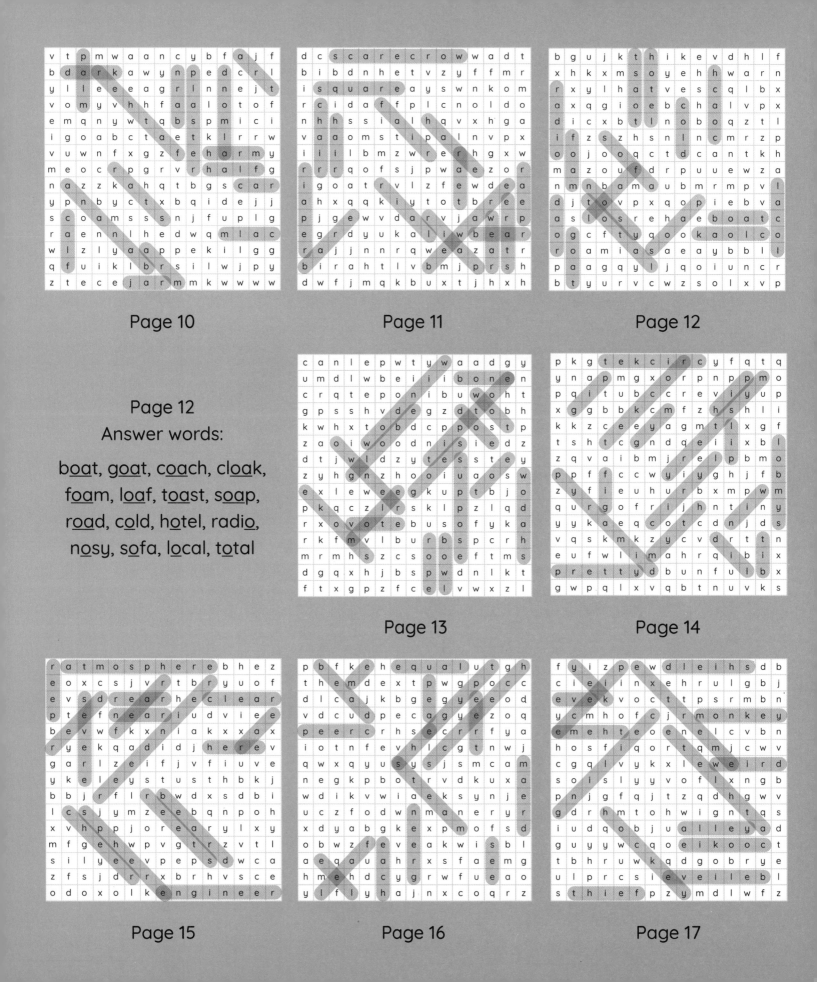

Page 10

Page 11

Page 12

Page 12
Answer words:

boat, goat, coach, cloak,
foam, loaf, toast, soap,
road, cold, hotel, radio,
nosy, sofa, local, total

Page 13

Page 14

Page 15

Page 16

Page 17

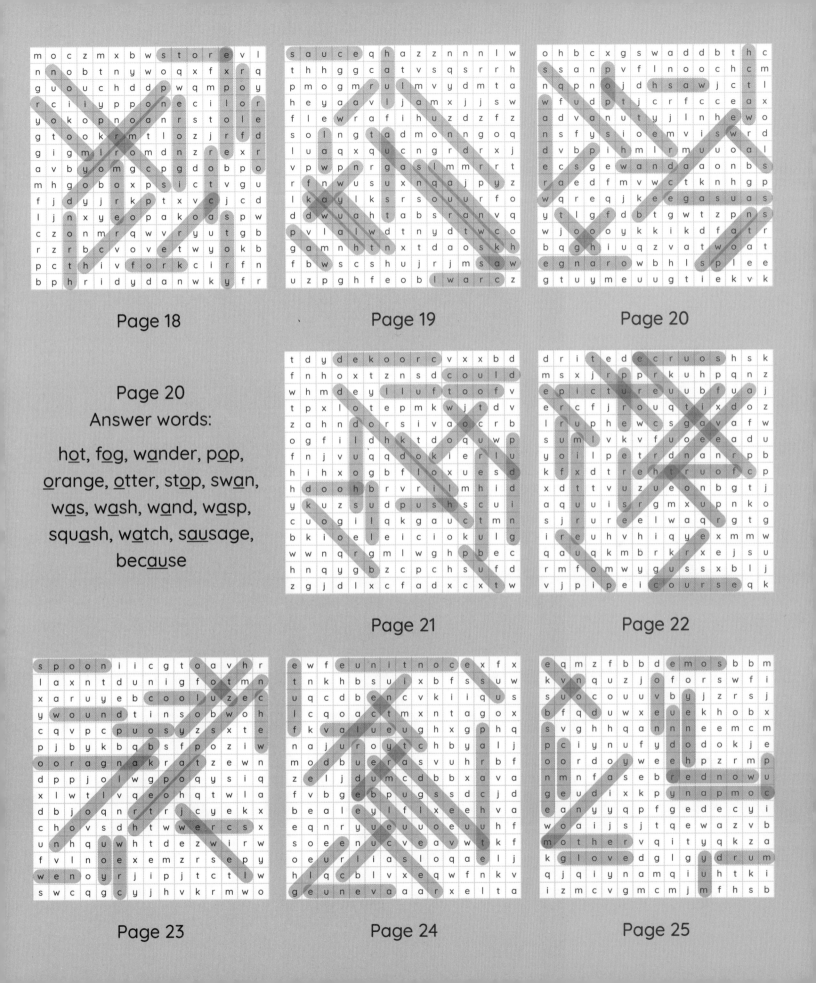

Page 18

Page 19

Page 20

Page 20
Answer words:

hot, fog, wander, pop, orange, otter, stop, swan, was, wash, wand, wasp, squash, watch, sausage, because

Page 21

Page 22

Page 23

Page 24

Page 25

Page 26

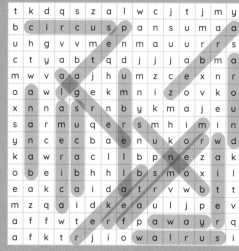

Page 27

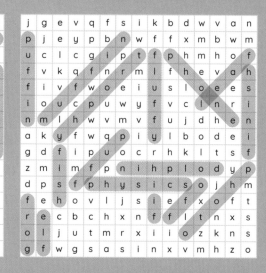

Page 28

Page 28
Answer words:

if, elf, fish, frog, leaf, finish,
off, puff, fluffy, muffin,
puffin, photo, phone,
dolphin, trophy, physics

Page 29

Page 30a

Page 30b

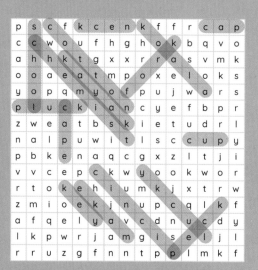

Page 31

Page 32

Page 32

Answer words:

s̲i̲t̲, bu̲s̲, s̲orry, s̲and,
octopu̲s̲, a̲s̲tronaut, mi̲s̲s̲,
le̲s̲s̲, dre̲s̲s̲, cla̲s̲s̲, cro̲s̲s̲,
c̲inema, c̲ity, ic̲e, mic̲e,
c̲entipede

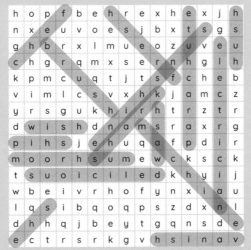

Page 33

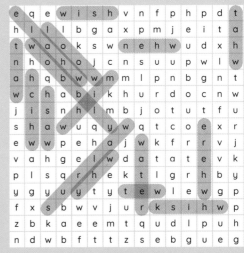

Page 34

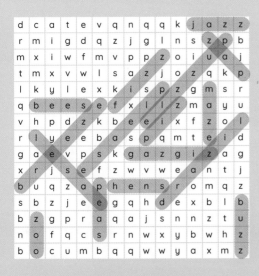

Page 35

Page 36

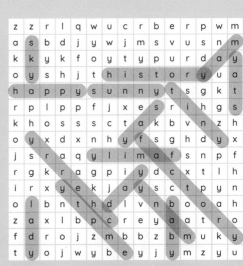

Page 37

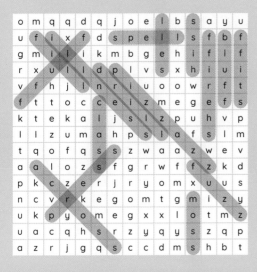

Page 38

Page 39

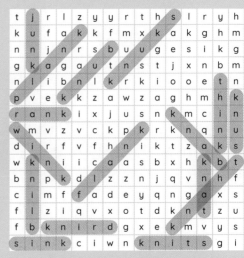

Page 40

Page 41

Page 42

Page 43

Page 44

Page 45

Page 46

Page 46
Answer words:

churches, pens, dresses, bowls, wishes, rabbits, torches, beds, benches, shirts, peaches, doors, classes, birds, kisses, links, boxes

Page 47

Page 48

Page 49

Page 50

Page 51

Page 52

Page 53

Page 54

Page 55

Page 56

Page 57

Page 57
Answer words:

starfish, armchair,
butterfly, racetrack,
joystick, cowboy, notebook,
superhero, firefighter,
campsite, sunglasses,
blackberry, toothbrush

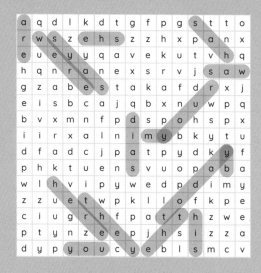
Page 58

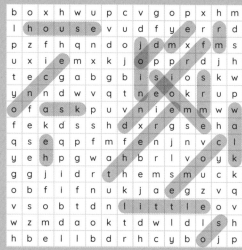
Page 59

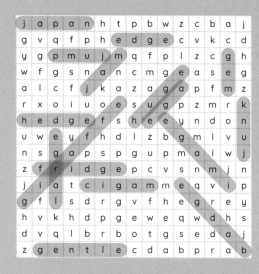
Page 60

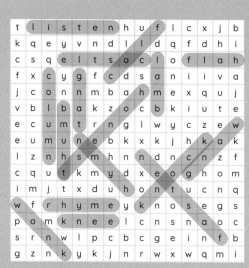
Page 61

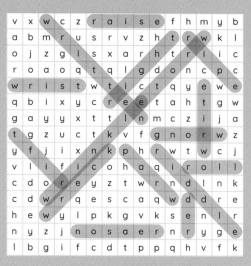
Page 62

Page 63

Page 63
Answer words:

tinsel, castle, jungle, hotel,
ankle, jewel, tickle, travel,
stable, vessel

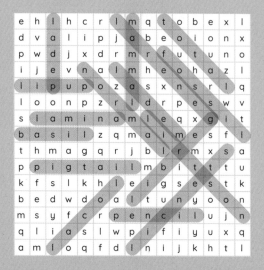
Page 64

Page 64
Answer words:

local, basil, normal, pencil, mammal, gerbil, animal, stencil, general, pigtail

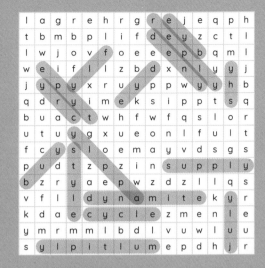

Page 65

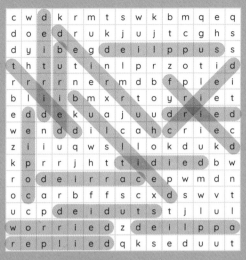

Page 66

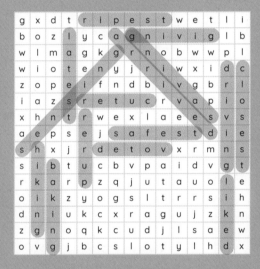

Page 67

Page 67
Answer words:

arrived, baking, driving, liked, giving, saving, sensing, voted, closest, cuter, latest, purer, ripest, safest

Page 68

Page 68
Answer: The exception in the list is mixing.

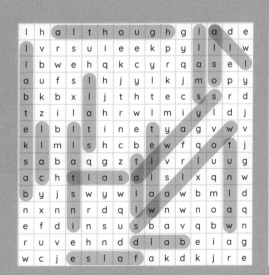

Page 69

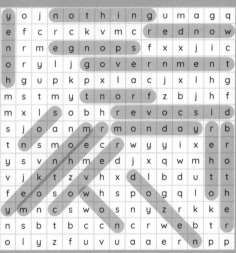

Page 70

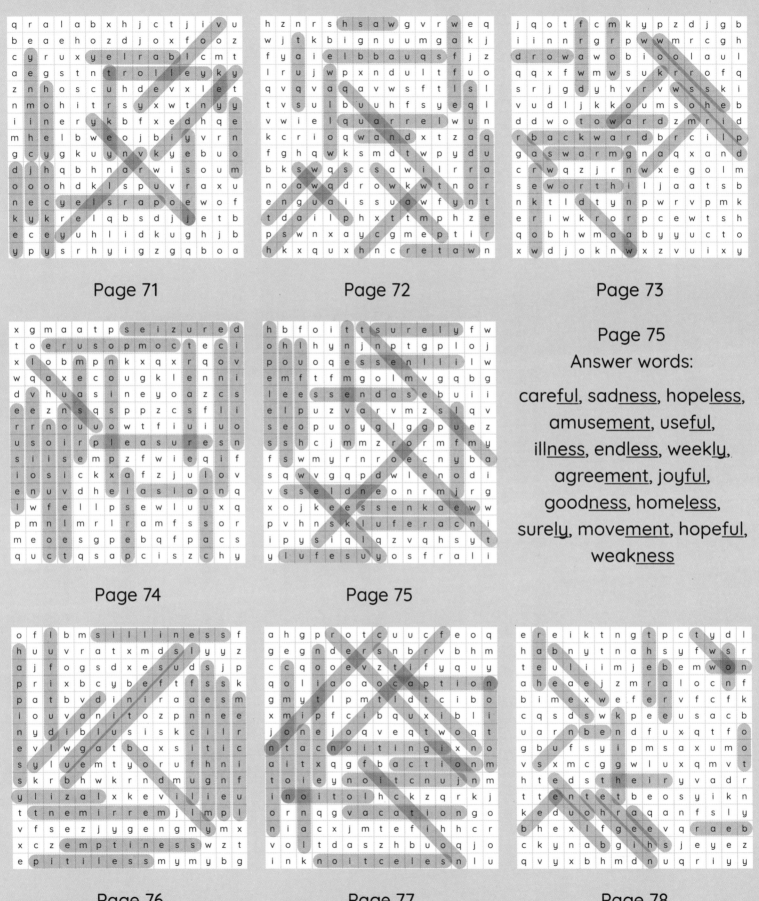

Page 71

Page 72

Page 73

Page 74

Page 75

Page 75
Answer words:

careful, sadness, hopeless, amusement, useful, illness, endless, weekly, agreement, joyful, goodness, homeless, surely, movement, hopeful, weakness

Page 76

Page 77

Page 78

Page 79

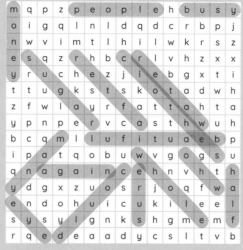

Page 80

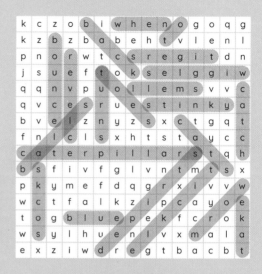

Page 81

Page 81
Answer words:

when, worm, wiggles, clever, cats, catch, caterpillars, blue, balls, bounce, back, striped, socks, smell, stinky, take, turns, to, tickle, tigers, toes

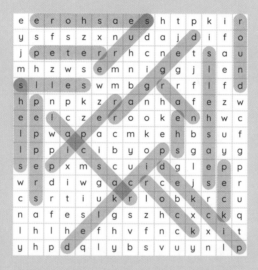

Page 82

Page 82
Answer words:

she, sells, seashells, seashore, shells, sure, Peter, Piper, picked, peck, pickled, peppers, round, ragged, rock, rascal, ran

Page 83a
Answer words:

cat, bat, rat, hat, sat, mat, that

Page 83a

Page 83b

Page 83b
Word list:

see, tree, bee, me, nose, goes, zoom, bloom

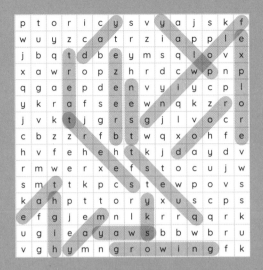

Page 84

Page 84
Word list:

day, May, breeze, trees, sway, play, high, sky, nest, quest, treat, eat, flowing, growing, door, explore

Helpful words

These words may help as you work through the puzzles.

rhyme   words that have the same ending sound, such as bat and cat

plural   more than one of something

suffix   a set of letters added to the end of a word, common suffixes are *-ment, -ly, -ful, -ness, -less*

syllable   a set of letters that create a sound, or beat, in a word; *top* has one syllable, *water* has two

verb   an action or doing word, such as *swim*

vowel   the letters *a, e, i, o, u*